Texte.Medien

MONIKA DIETRICH-LÜDERS

Ella und Max ...
Auf der Spur des Voodoo-Zaubers

Schroedel
westermann

Texte . Medien

»Ella und Max ... Auf der Spur des Voodoo-Zaubers«
von Monika Dietrich-Lüders

Herausgegeben von Ingrid Hintz

Materialteil erarbeitet von Sabine Bruno

Das Texte.Medien –Programm zu »Ella und Max ... Auf der Spur des Voodoo-Zaubers«:
978-3-507-47447-5 Textausgabe mit Materialien
978-3-507-47847-3 Lesetagebuch
978-3-507-47947-0 Materialien für Lehrerinnen und Lehrer
Informationen und Materialien im Internet: **www.westermann.de/textemedien**

© 2013 Bildungshaus Schulbuchverlage
Westermann Schroedel Diesterweg Schöningh Winklers GmbH,
Georg-Westermann-Allee 66, 38104 Braunschweig
www.westermann.de

Druck A 3 / Jahr 2024

Alle Drucke der Serie A sind im Unterricht parallel verwendbar.

Redaktion: Jorinde Assemann-Fangmeier
Herstellung: Andreas Losse
Illustrationen (Cover und Innenteil): Sabine Kranz, Frankfurt/M.
Umschlaggestaltung und Layout: JanssenKahlert Design, Hannover
Satz: Bock Mediengestaltung, Hannover
Druck und Bindung: Westermann Druck GmbH, Georg-Westermann-Allee 66, 38104 Braunschweig

ISBN 978-3-507-**47447**-5

INHALT

Monika Dietrich-Lüders

Ella und Max ...
Auf der Spur des Voodoo-Zaubers

Materialien

Zu diesem Buch

Eigentlich wollten die Freunde Ella und Max nur ihren Mitschüler Georg ausspionieren. Dass sie es dabei offenbar mit richtiger Zauberei zu tun bekämen, hätten sie niemals geahnt. Doch was treibt diesen Georg eigentlich um? Warum sondert er sich von den anderen so stark ab? Und da ist noch eine wichtige Entscheidung: Sollen sie ihre unsympathische Englischlehrerin vor einem drohenden Verbrechen schützen oder doch einfach nur wegsehen?

Es gibt viele Jugendliche, die gern Bücher lesen. Das ist erfreulich, denn wer liest, nimmt teil an den Lebensgeschichten, Erlebnissen, Problemen, Gedanken und Gefühlen der Buchfiguren. Deshalb sagt man: Wer liest, lebt doppelt.

Die Bücher der Reihe **Texte.Medien** wollen zum Lesen motivieren – im Unterricht in der Schule, aber auch zu Hause in der Freizeit. Sie wollen die Freude am Lesen steigern und „Lust auf mehr Bücher" machen.

Zu jedem Buch gibt es ein **Lesetagebuch**, das dabei helfen soll, sich selbstständig – individuell und gemeinsam mit anderen, die ebenfalls dieses Buch lesen – mit dem Inhalt und den Personen auseinanderzusetzen.

Viel Freude beim Lesen des Buches!

Für Isabel

Monika Dietrich-Lüders

Ella und Max ...
Auf der Spur des Voodoo-Zaubers

Ein Auto gibt Rätsel auf

Wenn sie *jetzt* vorbeikäme – *die* würde was erleben! Was fiel ihr auch ein, ihn einfach zu versetzen. Max war stinksauer auf seine Freundin Ella. Eigentlich sollte sie auf ihn warten, das war so abgemacht, ⁵ damit sie gemeinsam nach Hause gehen konnten. Unterwegs wollten sie dann noch Georg ausspionieren, der seit Tagen so geheimnisvoll tat.

Aber Ella war verschwunden, wahrscheinlich tratschte sie auf dem Mädchenklo mit ihren Freundinnen, ¹⁰ dachte er rachsüchtig. Jetzt müsste sie aber endlich unten vorbeikommen, denn es wurde höchste Zeit für sie. Dienstags holte sie immer um zwei Uhr ihre kleine Schwester vom Kindergarten ab, der am Ende der Straße lag. Jetzt bekäme sie ihre verdiente Strafe.

¹⁵ Max öffnete vorsichtig das Fenster – verdammt, wie glitschig das Ding war – und rollte die wabbelige Kugel schon mal in die richtige Ausgangsposition. Er hörte unten Schritte auf dem Gehweg, sonst war es ganz still und das war auch gut so, denn es sollte ja ²⁰ schließlich nicht jeder mitkriegen, was gleich geschehen würde. Das musste jetzt Ella sein. Der Sicherheit halber beugte er sich zuerst über das Fensterbrett, um hinunter zu sehen.

„Iiiihhhgitttttt!! Wer war das? Was soll das, verdammt nochmal!"

Die Stimme kam ihm sehr bekannt vor, aber es war nicht Ellas Stimme. Max hatte sich blitzschnell geduckt, als sich die quallige Wasserkugel verfrüht auf den Weg nach unten machte. Oh je, unten stand und schimpfte seine Englischlehrerin, pudelnass von Kopf bis Fuß. Ob sie ihn gesehen hatte? Hoffentlich wusste sie nicht, dass er hier wohnte. Das hätte ihm gerade noch gefehlt, er hatte schon genug Ärger mit seinen Lehrern und besonders mit der alten Lauterstein.

Max drückte sich an die Wand unter das Fensterbrett und senkte seinen blonden Strubbelkopf, als könnte Frau Lauterstein plötzlich mit drohend erhobener Faust durch das Fenster geflogen kommen.

Aber es kam nichts zum Fenster hinein. Unten hörte man eilige Schritte, die sich rasch entfernten. Es klang ziemlich nass, als hätte es geregnet, dabei schien doch die Sonne. Ja, es hätte *so* ein schöner Tag werden können, wenn, ja, wenn Ella *einmal* pünktlich gewesen wäre!

Aber wer konnte auch ahnen, dass die alte Lauterstein gerade hier entlanggehen musste. Das war doch sonst noch nicht vorgekommen, schließlich wohnte sie in einem ganz anderen Stadtteil, und überhaupt, warum war sie noch nicht zu Hause? Er hatte sie doch schon vor einer Stunde, als er die Schule verließ, auf dem Parkplatz gesehen. Sie stand neben ihrer alten Karre und verstaute einige merkwürdige Säcke darin. Sehr komisch. Wohin sie jetzt wohl ging?

Es klingelte. Nein, die Klingel gewitterte, so heftig wurde sie bearbeitet. Max rannte zur Tür und öffnete. Herein segelte Ella, mit einer solchen Geschwindigkeit, dass sie Max fast umwarf.

„Mann, wo bist du gewesen? Ich warte wie blöd, muss mir tausend dumme Fragen anhören und wer nicht kommt bist *du*! Was soll das?"

Sie ließ sich in einen Sessel fallen und schaute Max wütend an.

Ella war zwölf Jahre alt, hatte einen Kopf voller rotbrauner, widerspenstiger Locken, ein rundes Gesicht mit Stupsnase und vielen Sommersprossen. Obwohl sie am liebsten abgewetzte Jeans trug, hatte sie eine Vorliebe für ausgefallenen Schmuck und kombinierte ihre unauffällige Kleidung mit den schrillsten Ketten, Broschen, Armbändern, Gürteln und Ohrringen. Wenn sie wütend war, so wie im Moment, dann klirrte alles um sie herum wie ein Geschirrschrank bei einem Erdbeben.

„Ich war da, aber *du* nicht, hast du auf dem Klo wieder die Zeit verquatscht?"

Auch Max war wütend, noch mehr wegen der verpassten Chance, Ella eine Wasserbombe vor die Füße zu werfen, als wegen ihrer Unpünktlichkeit. Aber gegen Ella kam er meist nicht an, sie hatte ein Mundwerk wie ein Wasserfall und wenn sie erst in Fahrt war, konnte sie keiner stoppen. So musste sich Max erst die wortreiche Beschreibung ihrer Erlebnisse anhören, bis er an die Reihe kam.

Sie hatten sich schlicht und einfach verpasst! Jeder

wartete vor einer anderen Tür, denn die Schule, die sie besuchten, war groß und alt und hatte vier wuchtige Eingangstore.

„Schade, dass du nicht da warst, Georg hat sich nämlich durch den Seitenausgang verkrümelt."

Ella war nun etwas zur Ruhe gekommen und räkelte sich wohlig auf dem breiten Sessel.

„Er hat sich immer wieder umgewandt, ob ihn auch keiner sieht, aber ich hab mich schnell hinter dem Pfeiler versteckt. Er hat mich, glaube ich, nicht gesehen. Ich wüsste zu gern, was er vorhat. Da stimmt doch was nicht, so wie er sich benimmt!"

Max nickte. Es stimmte, Georg war merkwürdig geworden. Er ging allen aus dem Weg, sprach mit niemandem mehr. Zwar war er immer ziemlich zurückhaltend gewesen, aber jetzt? Trotzdem interessierte sich Max im Augenblick nicht so sehr für Georg. Ihm ging immer noch der verunglückte Wasserbombenangriff im Kopf herum. Was hatte die Lauterstein hier gemacht?

„Weißt du eigentlich irgendwas über Frau Lauterstein?" , fragte er plötzlich.

Vor lauter Überraschung schepperte Ella wie ein Werkzeugkasten, als sie sich in ihrem Sessel hastig aufrichtete. Sie sah Max neugierig an.

„Warum fragst du das?", wollte sie wissen und legte dabei ihre Stirn in Falten.

„Erzähl ich gleich, aber sag erst, weißt du was über sie?"

Max wirkte ungeduldig. Das gefiel Ella überhaupt nicht. Es sah aus, als wüsste Max etwas, was sie nicht wusste. Hatte er plötzlich Geheimnisse vor ihr? Geheimnisse anderer Art als die Streiche, die er ihr immer spielte?

„Nein, ich weiß nichts. Sie wohnt draußen in Birkenheim, allein. Wer wollte wohl auch mit der zusammen wohnen? Gestern hat sie Malte nachsitzen lassen, obwohl er zu Hause ja schon genug Ärger hat. So was interessiert sie ja nicht. Dabei hat er nur einen kleinen Spaß machen wollen. Aber die versteht ja keinen Spaß."

Max nickte vor sich hin. Ja, das dachte er auch. Ella und er gingen in verschiedene Klassen, hatten aber beide Frau Lauterstein in Englisch.

„Was hat er denn gemacht?"

Ella lachte, als sie sich wieder an die Situation erinnerte.

„Sie hatte eine Plastiktüte mit leeren Pappkartons, Büchsen und so was mit. Die stand neben ihrem Tisch. In der Pause hat Malte unsere Kakaoschachteln da rein geworfen und alles durchgeschüttelt. Außerdem hat er einen Zettel geschrieben, auf dem stand *kleine Spende für die Wertstoffsammlung*, und den hat er auch in die Plastiktüte gesteckt. Als die Lauterstein nach der letzten Stunde gehen wollte und ihre Tüte schnappte, hat sie gemerkt, dass die praller war als vorher."

Ella gluckste und strampelte mit den Füßen.

„Dann hat sie reingesehen und auch den Zettel entdeckt. Sie wurde furchtbar wütend, hat laut rumgeschimpft und uns dann alle fortgescheucht. Malte musste bleiben und Strafarbeiten machen. Eine halbe Stunde lang den Satz schreiben: *Man geht nicht an fremde Sachen.* Stell dir das mal vor!"

Max versuchte es, aber es fiel ihm schwer, sich so eine Tortur vorzustellen. Stattdessen erzählte er Ella, was er beobachtet hatte und natürlich auch, wie sich die Wasserbombe selbstständig machte. Ella konnte sich nicht mehr halten vor Lachen.

Tortur
Quälerei

„Ha, das geschieht dir recht, wo *du* mich doch versetzt hast. Und der Lauterstein geschieht es auch recht – genau! – Hochmut kommt vor dem Wasser-Fall!"

Ella schnappte kichernd nach Luft.

„Du, vielleicht läuft sie hier ja öfter vorbei, dann hast du noch eine Chance!"

Max hatte eine andere Idee.

„Dann könnten wir uns an ihre Fersen hängen und herausfinden, was sie so treibt."

Aber Ella schüttelte den Kopf.

„Wir wollten herausfinden, was *Georg* so treibt, nur du bist nicht gekommen. Wir hatten es so abgemacht!"

Ella war unerbittlich, wenn es darum ging, einmal beschlossene Dinge weiterzuverfolgen.

„Aber jetzt habe ich sowieso keine Zeit, ich muss Evchen abholen, meine Mutter kommt heute erst um drei nach Haus und muss dann gleich wieder weg. Max, ähm, hast du vielleicht einen Apfel für mich?"

Max seufzte. Er lief in die Küche und brachte Ella

einen Apfel und ein halbes Brötchen, das vom Frühstück übrig geblieben war. Sie biss sofort hinein.

„Evchen hat's gut, sie bekommt im Kindergarten
Mittagessen, ich muss immer warten. Dabei habe ich
immer viel mehr Appetit als sie."

Man konnte es sehen. Ellas rundes Gesicht mit den
rosigen Wangen sahen nicht nach Appetitlosigkeit
aus. Sie schnappte sich ihre Schultasche und ging zur
Haustür.

„Warte!"

Max war unzufrieden.

„Ich komme ein Stück mit, vielleicht sehe ich die
Lauterstein irgendwo und kann was herauskriegen,
wer weiß."

Ella nickte kauend. Sie warfen die Haustür hinter sich zu und rannten die Treppen hinab. Draußen
schien noch immer die Sonne, ein Tag wie geschaffen
zum Ausspionieren anderer Leute.

„Was machst du am Nachmittag", fragte Max,
„wollen wir was unternehmen?"

„Weiß ich noch nicht, ich ruf dich vorher an."

Ella klang komisch, sie sprach ganz langsam als
dächte sie nach. Plötzlich rammte sie ihm ihren Ellenbogen in die Seite und rief aufgeregt: „Sieh doch mal,
da, dieser Wagen!"

Max drehte sich in die Richtung, in die Ellas Arm
zeigte. Dabei hielt er seine Hand schützend auf seine
Rippen und unterdrückte einen Schmerzenslaut. Bevor er sich noch über ihre grobe Art der Mitteilung
beschweren konnte, war sie schon zu einem Auto ge-

laufen, das etwas schräg eingeparkt am Straßenrand stand. Er lief Ella hinterher.

„Das ist doch die alte Kiste von Frau Lauterstein."

„Genau", nickte Ella, „was macht die hier und warum läuft sie zu Fuß unter deinem Fenster vorbei, wenn ihr Wagen hier steht?"

Auf dem Rücksitz sahen sie die Plastiktüte, von der Ella erzählt hatte.

„Fährt sie vielleicht ihren Müll spazieren?"

Beide lachten.

„Na, egal, ich muss jetzt los, meine Schwester wartet."

Ella hob noch mal grüßend den Arm und war auch schon um die nächste Ecke verschwunden.

Max sah sich prüfend nach allen Seiten um. Er hoffte, Frau Lauterstein zu entdecken, damit er ihr vielleicht folgen könnte. Gleichzeitig hatte er Angst, von ihr ertappt zu werden. Es bestand ja die Möglichkeit, dass sie ihn mit der unfreiwilligen Dusche in Verbindung brachte. Das wäre verhängnisvoll für sein ohnehin nicht gutes Ansehen bei ihr. Aber er sah nichts, außer einer schwarzen Katze, die vorsichtig unter einem geparkten Wagen entlang schlich.

„Miez, Miez", rief er, aber die Katze hatte ihre eigenen Pläne und lief, ohne ihn zu beachten, weiter.

Max war etwas ratlos, was er nun als nächstes tun sollte, aber da sich wirklich keine geeignete Ablenkung mehr bot, beschloss er, doch nach Hause zu gehen und sich seinen Hausaufgaben zu widmen.

Ella macht sich Gedanken

Ella ging nachdenklich zum Kindergarten. Ihre Mutter hatte sie gebeten, sich heute um ihre Schwester zu kümmern. Eva war erst vier, und mit ihr einen ganzen Nachmittag spielen zu müssen, empfand Ella als Zumutung für eine ZwölfJährige. Sie überlegte, ob sie ihre Schwester vielleicht mit zu Max nehmen könnte. Aber Evchen würde sich vermutlich langweilen und den größten Terror machen. Am besten wäre es, dachte Ella, wenn ich eine Verabredung für sie treffe. Mal sehen, wer jetzt noch da ist. Sie begann zu laufen.

Als sie um die Hausecke bog, sah sie, wie ihre kleine Schwester hinter der großen Fensterscheibe des Kindergartens zwei Kindern winkte, die gerade abgeholt worden waren.

„Hallo Ella", rief jemand hinter ihr. Ella drehte sich um und sah Frau Reimann, eine Nachbarin, ihr entgegenlaufen. Ihr Gesicht war ganz rot. Sie hatte sich anscheinend auch sehr beeilt, um nicht zu spät zu sein.

„Na, sind wir etwa wieder mal die Letzten?"

Sie lachte. Ella schämte sich auf einmal. Es war ihr peinlich, da Frau Reimann wusste, dass die Schule schon seit einer Stunde aus war und sie erst jetzt kam, um Evchen abzuholen. Aber die Nachbarin lächelte sie nur freundlich an, hakte sich bei ihr unter und schlenderte mit ihr zur Eingangstür. Sie winkte Eva, die sich so freute, dass sie zu hüpfen begann.

Ella rang mit sich. Sie hätte gern gefragt, ob Eva heute mit Julia, Frau Reimanns Tochter, spielen könnte. Aber es war ihr irgendwie unangenehm, weil sie so spät kam. Vielleicht denkt Frau Reimann, ich mag meine Schwester nicht und will mit ihr nicht ₅ spielen, überlegte sie. Aber das wäre nicht wahr. Es machte ihr oft großen Spaß, mit Evchen herumzualbern.

„Ella, du bist ja so still! Ist was mit der Schule? Ihr bekommt bestimmt eine Menge Hausarbeiten auf, ₁₀ was? Ich kann mich noch gut an meine Schulzeit erinnern. Ach, ich wollte dich ja fragen, kann Eva heute, so um drei, zum Spielen zu uns kommen? Julia würde sich sehr freuen."

Ella atmete erleichtert aus, es war fast, als könnte ₁₅ Frau Reimann Gedanken lesen.

„Ja klar, ich bringe sie um drei zu Ihnen. Danke."

Sie öffneten die Tür und begrüßten Eva und Julia.

Nachdem Ella die Sachen ihrer Schwester zusammengesucht hatte, machten sie sich auf den ₂₀ Heimweg. Eva hopste aus lauter Vorfreude auf den Nachmittag mit Julia wie ein Flummi vor Ella her. Es war gut, dass sie abgelenkt war und nicht wie üblich den ganzen Weg nach Hause über ihre Erlebnisse im Kindergarten schnatterte, wie sie es sonst tat, denn ₂₅ Ella war tief in ihre eigenen Gedanken versunken.

Sie sah wieder Georg vor sich, wie er sich immer wieder umgesehen hatte, bevor er sich heimlich aus einem Seitenausgang davonstahl. Sein Gesicht hatte eine Angst ausgestrahlt, für die Ella sich überhaupt ₃₀ keinen ausreichenden Grund vorstellen konnte. Es gab in ihrer Vorstellung nichts, was zum Beispiel sie selbst so hätte verwandeln können. Auch wenn sie berücksichtigte, dass Georg immer ziemlich zurückhaltend war, konnte sie sich nicht erklären, was ihn nun schon seit Tagen in eine derartige Angst versetzt haben mochte.

Ella war neugierig, ja, sie hätte gern den Grund dafür erfahren, aber es war mehr als das. Es war ihr richtig unheimlich, wenn sie ihn sah, und so scheute sie auch davor zurück, ihn direkt auf sein Verhalten anzusprechen. Georg hatte kaum Freunde, aber auch keine Feinde in der Schule, die ihn bedrängt hätten. Man ließ ihn in Ruhe und beachtete ihn nicht weiter. Und wenn sich außer der sehr neugierigen Ella und ihrem Freund Max noch jemand Gedanken über Georg machte, so merkte man jedenfalls nichts davon. Niemand sonst schien diesen dunkelhaarigen, schmächtigen und sehr wortkargen Jungen zu beobachten oder die Absicht zu haben, hinter ihm herzuspionieren. So hatten sie diese spannende Aufgabe wenigstens ganz für sich allein, dachte Ella, auch wenn es ihr ein wenig unheimlich dabei wurde. Aber sie waren ja schließlich zu zweit.

Ella brannte darauf, das Haus schnell wieder zu verlassen, das sie mit ihrer Schwester gerade betrat. Aber zuvor mussten leider erst noch die Hausaufgaben gemacht werden, sie musste bis drei Uhr ihre Schwester beaufsichtigen und – ja, und sie musste natürlich sofort etwas essen, denn sie fühlte sich wie ausgehungert.

Nachdem sie einen Topf mit Resten vom Vortag auf die Herdplatte gestellt hatte, rief sie sofort Max an, um ihm die gute Nachricht mitzuteilen, dass sie am Nachmittag doch frei hatte.

Als ihre Mutter um drei Uhr nach Hause kam, war ₅ Ella schon gespannt wie ein Flitzebogen kurz vor dem Zerreißen. Sie hatte gerade einen Zettel vorbereitet, auf dem stand, wohin Eva und sie selbst gehen würden, als ihre Mutter zur Tür hereinwehte. Man merkte ihr an, dass sie an einer interessanten Sache arbei- ₁₀ tete, denn sie war fahrig und etwas geistesabwesend. Ellas Mutter Marlene war Journalistin und schrieb Berichte für eine Wochenzeitschrift.

„Einen Moment, Ella, ich muss nur schnell telefonieren."
₁₅

Sie flog ins Wohnzimmer, schnappte sich das Telefon und hielt schon einen Vortrag, ohne auch nur Luft zu holen. Ella seufzte laut auf. Noch länger warten. Sie hielt es nicht mehr aus. Sie hatte schließlich einen Zettel mit allen nötigen Informationen geschrieben, ₂₀ da konnte sie ja wohl gehen. Sie nahm sich das Blatt und ging damit zu ihrer Mutter, um ihr den Zettel in die Hand zu drücken. Das war aber nicht so einfach, denn Marlene wedelte beim Sprechen erregt mit ihrer freien Hand herum.
₂₅

„Nein, ein Deutscher, ... ja, er lebt schon sehr lange in Brasilien, ... hier hat er jetzt mehrere Vorträge gehalten. Besonders interessant ist der Fall eines Mannes, der sich vollkommen isolierte ..., ja, ja, ... dann aber den Spieß umdrehte ... Du weißt schon, ₃₀

Puppen mit Nadeln und so ... Na klar ist das real, ... was? Er berichtet ja nur, er hat auch Belege. Außerdem ist er ordentlicher Wissenschaftler. ... Aber Voodoo *interessiert* die Leute ..."

Voodoo siehe im Anhang des Buches auf S. 181 ab Zeile 6

5 Endlich konnte Ella ihrer Mutter den Zettel mit der Nachricht in die Hand drücken. Sie winkte ihr noch kurz zu, als sie aus dem Zimmer ging, aber Marlene war schon wieder ganz in ihr Gespräch vertieft.

„Stell dir vor, so was würde hier passieren ..."

10 Ella beeilte sich, das Haus zu verlassen, ehe doch noch etwas dazwischenkam. Sie rief Eva, die im Garten spielte, und ging mit ihr ein paar Häuser weiter, bis sie vor dem Haus der Familie Reimann standen. Als sie ihre Schwester fröhlich durch die Tür treten

15 sah, atmete sie erleichtert auf. Endlich stand ihren Plänen nichts mehr im Weg. Fast hüpfte sie vor Freude die Straße entlang, genauso wie ihre kleine Schwester heute Mittag.

Dann rannte sie die Treppen zu Max in Rekordzeit

20 hinauf und behielt ihren Finger zur Sicherheit auf dem Klingelknopf, bis Max aufmachte.

„Wir müssen sofort Georg ..."

„Du, der Wagen ..."

Beide begannen gleichzeitig zu sprechen. Ella lach-

25 te ausgelassen, drückte Max beiseite und warf sich in seinem Zimmer auf die Schlafcouch.

„Ist dir aufgefallen, dass der Wagen der Lauterstein immer noch da unten steht?", fragte Max sofort.

Aber Ella war auf ein anderes Thema eingestellt.

30 „Ach, die interessiert mich jetzt nicht. Ich will

wissen, was mit *Georg* los ist. Komm, lass uns sehen,
ob wir ihn irgendwo entdecken und ihn ein bisschen
beobachten können."

Max war auch damit einverstanden. Der Tag war
überhaupt zu schön, um in der Wohnung zu blei- ₅
ben. Die Hausarbeiten waren erledigt und in zwei
Wochen begannen sowieso die Sommerferien. Max
verschwand kurz, um seiner Mutter tschüss zu sagen,
während Ella schon an der Tür auf ihn wartete.

Ein seltsames Buch

Georg wohnte in einem entfernten Stadtteil. Sie mussten einige Zeit laufen, bis sie dort ankamen. Es sah hier ganz anders aus als in der Gegend, in der Ella und Max wohnten. Die Häuser waren sehr groß und
5 alt. Sie hatten steinerne Verzierungen, Türmchen und Erker, Säulen und Löwenfiguren vor dem Eingang. Spitze, eiserne Zäune schirmten die großen Vorgärten von den Gehwegen ab. Auch die Bäume waren alt und riesig. Max und Ella hielten Ausschau nach der Haus-
10 nummer 62. Als sie am Haus Nummer 60 vorbeigingen, wurden sie langsamer und näherten sich nur sehr vorsichtig dem Nachbarhaus.

In diesem Augenblick kam dort ein schnurrbärtiger Mann aus der Eingangstür, der sich mehrmals wie su-
15 chend umwandte. Dann schlug er die Tür zu und ging die Stufen hinab. Plötzlich blinkte etwas hell auf; ein Lichtfleck erschien an der weißen Hauswand. Max und Ella blieben sofort erschrocken stehen, senkten ihre Köpfe und scharrten mit den Füßen auf dem Boden, als
20 würden sie dort etwas Außergewöhnliches beobachten. Der Mann ging zu einem Auto, das ein Stück die Straße hinauf stand, stieg ein und fuhr davon.

„War das etwa Georgs Vater?", flüsterte Max.

Ella schüttelte den Kopf.
25 „Kann ich mir gar nicht vorstellen. Aber ich kenne seine Eltern nicht, das heißt, Georgs Mutter habe ich ein, zweimal in der Schule gesehen, ich glaube, sie lebt mit Georg allein."

Max wollte gerade fragen, ob Ella auch das unheimliche Blinken gesehen hätte, als sie beide ein Poltern hörten, das aus dem Garten zu kommen schien. Schnell drückten sie sich dicht an den Zaun und schoben sich ganz langsam daran vorwärts, um ⁵ vielleicht irgendwo durch die dichten Sträucher in den Garten blicken zu können.

Sie hatten Glück. Von einer Stelle an der Ecke des Grundstücks aus konnten sie weit in den Garten sehen. Dort stand ein mächtiger Ahorn, in dessen ₁₀ Astgabelung ein Baumhaus errichtet war. Das Poltern kam aus diesem Baumhaus und sie merkten auch gleich, wer es verursacht hatte. Georg streckte nämlich gerade seinen Kopf durch die Zweige und kam langsam die Strickleiter hinab. ₁₅

„Was machen wir jetzt", flüsterte Max aufgeregt, „wenn er uns nun sieht?"

Ella schaute gebannt auf das Baumhaus, schien aber nicht in ähnlicher Alarmstimmung zu sein.

„Dann sind wir eben zufällig hier oder wollten ihn ₂₀ mal besuchen, warum nicht", zischte sie zurück.

Die Holzhütte zwischen den Baumästen faszinierte sie. Wie herrlich wäre das, so einen abgeschirmten Platz zu haben, an den nur diejenigen gelangen könnten, denen sie es ermöglichen würde. Leiter hoch und aus! ₂₅

„Georg ist eigentlich zu beneiden", murmelte sie nachdenklich vor sich hin.

Inzwischen war Georg hinter dem Haus verschwunden. Die Strickleiter baumelte verlockend am Baumstamm hin und her. ₃₀

„Sollen wir vielleicht mal hoch ... ?"

„Bist du verrückt geworden", unterbrach Max sofort Ellas Überlegungen, bevor sie Zeit hatte, sie zu Ende zu denken.

5 „Da hinten ist bestimmt die Veranda. Sicher kommt er gleich zurück. Und was würdest du *dann* sagen? Dass du schon immer mal einen Tee mit ihm in seinem Baumhaus trinken wolltest und nur eben den Tisch deckst? Falls er da drin einen Tisch hat."

10 Max war ärgerlich. Ellas Neugier führte doch zu weit. Vielleicht war auch gar nichts dran an all ihren Beobachtungen. Georg schien sich ja gut zu vergnügen, während sie sich hier an diesem Zaun die Beine in den Bauch standen.

15 „Da, sieh doch!"

Ella stieß ihm ihren Ellenbogen in die Seite, während sie sich vor Neugierde fast durch die Gitterstäbe des Zaunes quetschte. Max rieb sich die Rippen, verzichtete aber auf eine Antwort, denn er sah nun, wie 20 Georg, schwer beladen mit zwei Säcken, wieder zum Ahorn ging, dort einen Sack gegen den Baumstamm lehnte und dann mit dem anderen mühsam die Strickleiter hochklomm.

„Will er etwa in seiner Hütte Camping machen?"

25 Max kicherte leise, wurde jetzt aber auch neugierig. Es dauerte nicht lange, bis Georg wieder runter kam und den zweiten Sack in die Höhe zerrte. Bevor sie noch überlegen konnten, was sie tun würden, wenn Georg dort oben nun ein Nickerchen machte, 30 kletterte er wieder nach unten, zog einen langen Stock

aus einem Gebüsch und stopfte damit die Strickleiter
über den Rand des Baumhauses. Danach versteckte er
den Stock und ging über den Rasen in Richtung Straße.

5 „Er kommt her! Schnell!"

Ella rannte geduckt zum nächsten Auto, das an der
Straße geparkt war. Max folgte ihr. Sie versteckten
sich dahinter und spähten vorsichtig durch die Sei-
tenfenster auf das Haus. Da trat Georg auch schon auf
10 den Gehweg und drehte sich dabei suchend nach allen
Seiten um. Max duckte sich sofort.

„Er hat uns gesehen", flüsterte er.

„Nein, ich hab dir doch gesagt, dass er das immer
macht, er *fühlt* sich nur verfolgt."

15 Ella hatte wohl Recht, denn Georg war inzwischen
bereits den Gehweg hinuntergegangen.

„Er läuft in die Stadt zurück. Komm, hinterher!"

Schon war Ella auf den Beinen. Sie lief geschmeidig
wie eine Katze auf der Straße hinter Georg her, immer
20 nahe an den geparkten Autos entlang. Max war nicht
ganz wohl bei der Sache. Wenn Georg, wie es ja anscheinend seine Gewohnheit war, sich nun umdrehte
und sie entdeckte? Aber das Jagdfieber hatte ihn doch
gepackt und er musste zugeben, dass Georg ihn plötz-
25 lich viel mehr interessierte als früher. Als eine Am-
pelkreuzung nahte, an der Georg warten musste, versteckten sie sich hinter zwei dicken Bäumen, die dicht
nebeneinander standen. Dort harrten sie erstmal aus,
um zu sehen, in welche Richtung sich Georg wenden
30 würde.

Die Straße geradeaus bot nicht viele Möglichkeiten, jemanden heimlich zu verfolgen. Doch sie hatten Glück. Georg bog links in einen kleinen Parkweg
ein. Nun konnten sie allerdings nicht sofort hinter-
herlaufen, sondern mussten erst warten, bis es wieder
grün wurde. Ein Auto nach dem anderen brauste vorbei. Georg konnten sie nicht mehr entdecken.

„Verflixt, der entwischt uns!"

Ella hüpfte vor Unruhe von einem Bein auf das
andere und schoss, als die Ampel endlich auf grün
sprang, sofort wie ein Blitz über die Straße auf die
Parkanlage zu. Kein Georg weit und breit. Sie liefen
den schmalen Parkweg entlang und spähten dabei
zwischen die Bäume und in das Unterholz, auch wenn
sie sich nicht vorstellen konnten, dass Georg hier Ka-
ninchen spielte.

Auf einmal endete der Weg und gab den Blick auf
eine große Rasenfläche mit Parkbänken und einem
kleinen Kinderspielplatz frei. Dahinter stand ein
großes altes Gebäude. Sie blieben schlagartig stehen.

„Da!" Ella streckte ihren Arm aus und wies hinüber
auf das Haus. Dort verschwand Georg gerade durch
den breiten Eingang.

„Was ist das für ein Haus?", fragte Max. „Kennst
du dich in dieser Gegend aus?"

Ella schüttelte den Kopf.

„Lass uns doch nachsehen. Was ist schon dabei?"

Als sie vor dem Gebäude angekommen waren,
konnten sie auf einem breiten Schild vor dem Eingang
lesen, wo sie sich befanden.

„Landesbibliothek", las Ella halblaut vor und runzelte die Stirn dabei. „Das ist ja merkwürdig. Was will
Georg da drin?"

Sie gingen die Stufen hoch und öffneten vorsichtig
die Tür.

„Komm, wir gehen rein."

Bevor Max protestieren konnte, war Ella schon
hineingeschlüpft. Drinnen war es sehr still und ziemlich dunkel. Nach dem hellen Sonnenlicht draußen
konnten sie zunächst nicht richtig sehen und blieben
erstmal stehen.

„Kann ich euch vielleicht helfen?"

Sie zuckten zusammen. Eine Frau stand lächelnd
vor ihnen.

„Oh, wir wollten nur ...", stotterte Max erschrocken.

Aber Ella fiel ihm eifrig ins Wort.

„Wir suchen einen Freund. Er wollte sich hier ein
paar Bücher ausleihen. Ich glaube, er ist da drüben.
Dürfen wir zu ihm gehen?"

Die Frau nickte.

„Ihr habt keine Tasche bei euch?", fragte sie noch
und ließ ihren Blick an den beiden heruntergleiten.

Ella schüttelte nur heftig den Kopf und ging schon
weiter. Max beeilte sich, ihr zu folgen. Sie kamen in
einen großen Lesesaal mit vielen Regalen, die bis zur
Decke reichten. Im Raum war kein einziger Laut zu
hören. An einigen der Tische saßen ganz regungslos
ein paar Frauen und Männer und schauten gebannt in
dicke Bücher.

„Wie soll man denn an die Bücher da oben ran
kommen?", flüsterte Max. „Ich sehe nirgends eine Leiter."

„Das sind bestimmt die, die sowieso nie jemand
lesen will", flüsterte Ella zurück.   5

Obwohl sie flüsterten, schaute ein Mann an einem
Tisch in der Nähe verärgert auf. Max zog Ella zwischen die Regale.

„Wo ist Georg nur geblieben?"

Er fühlte sich unbehaglich hier und hätte dieses 10
Gebäude gern so schnell wie möglich wieder verlassen. Aber er kannte Ella. Sie würde erst gehen, wenn
sie Georg entdeckt hätte. Langsam schlenderten sie an
den langen Bücherreihen vorbei. Bevor sie am Ende
einer Reihe um die Ecke bogen, hielten sie immer erst 15
vorsichtig Ausschau. Die Bücher nahmen kein Ende.
Allmählich hatten sie das Gefühl, die Orientierung
verloren zu haben. Waren sie an diesem Regal nicht
schon vorbeigekommen? Unschlüssig blieben sie ste-
hen.   20

Da sah Max durch eine Lücke im Regal etwas
aufleuchten. Er zupfte Ella am Ärmel und deute-
te dorthin. Georg saß mit dem Rücken zu ihnen an
einem kleinen Tisch. Er regte sich kein bisschen. Vor
ihm aufgeschlagen lag ein dicker Wälzer. Ella und 25
Max schauten sich ratlos an. Was sollten sie nun tun?
Wenn Georg nun vorhatte, nicht eher zu gehen, als bis
er das ganze Buch gelesen hätte?

Plötzlich aber sprang Georg auf, als wäre Feuer
unter ihm ausgebrochen, und lief durch den Saal fort. 30

Die beiden Spione waren so überrascht, dass sie unfähig waren, ihm zu folgen. Nach einigen Sekunden kamen sie aber wieder zu sich und beide gingen sofort gleichzeitig zu dem immer noch aufgeschlagenen Buch.

Auf einer Seite war eine seltsame Zeichnung zu sehen. Sie beugten ihre Köpfe darüber und versuchten zu verstehen, was sie da sahen. Das Bild zeigte dem Anschein nach ein Kind, in dessen Leib Nadeln gesteckt waren. Es sah unheimlich und doch auch irgendwie künstlich aus. Stellte es vielleicht kein Kind, sondern eine Puppe dar? Ella klappte den Buchdeckel hoch, um den Titel des Buches sehen zu können.

„Voodoo und andere Zauberriten in Vergangenheit und Gegenwart", las sie zögernd vor.

Sie schaute ratlos zu Max auf.

Ein Autoknacker am Werke

Georg rannte, als würde er von bissigen Hunden gehetzt. Seine Gedanken drehten sich im Kreis.

Es ist wahr, tatsächlich wahr, alles stimmt, nein, es kann nicht sein, das kann nicht wahr sein, es wäre zu furchtbar, aber wenn doch? Nein, ich kann nicht mit- 5 fahren, ich kann nicht, ich kann nicht.

Er stolperte plötzlich über einen Stein und fiel der Länge nach hin. Oh verdammt, sein Fuß war verstaucht, es tat so weh. Das hatte ihm jetzt gerade noch gefehlt. Langsam richtete er sich auf und versuchte, 10 wieder auf die Füße zu kommen. Vor Schmerzen zuckte er zusammen. Aber es half alles nichts, er musste zurück. Mühsam humpelte er weiter durch den Park, verschnaufte kurz an der roten Ampel, wobei er sich am Pfosten festhielt, und humpelte dann die Straße 15 entlang nach Haus.

Umso emsiger jedoch arbeitete es in seinem Kopf. Ich muss mir etwas ausdenken. Auf jeden Fall muss ich erstmal weg von hier. Er wird sich noch wundern. Die Puppe nehme ich jedenfalls mit. 20

Am Eingang angekommen schaute Georg zu seinem Baumhaus hinüber. Nein, da kam er mit diesem Fuß jetzt nicht hinauf. Erst musste er sich ausruhen und überlegen, was er nun tun konnte. Das Baumhaus war sowieso nicht mehr sicher genug. Wie gut, dass 25 im Augenblick niemand zu Hause war, der Fragen stellen konnte.

In seinem Zimmer ließ er sich auf das kleine Sofa

am Fenster fallen, von dem er eine gute Sicht auf die Straße hatte. Mit seinem Spiegel waren sogar Einblicke in die Ecken des Gartens möglich, falls sich etwa jemand seinem Baumhaus nähern wollte.

Er kramte in seinen Taschen herum. Verflixt, wo war er nur geblieben. Er hatte ihn doch mitgenommen, in seiner Hosentasche. Er war sich sicher, den Spiegel nicht im Baumhaus gelassen zu haben. Aber er war weg. Nun gut, er würde bald keinen mehr brauchen, denn er wusste plötzlich, wohin er gehen würde. Sehr bald schon, morgen, noch bevor *er* zurückkäme.

Ella und Max verließen die Bibliothek. Als sie auf die helle Treppe traten, die zum Rasen hinunterführte, wurden sie vom strahlenden Sonnenschein so geblendet, dass sie stehen bleiben mussten, um nicht die Treppe hinabzustürzen. In der düsteren Stimmung des Lesesaales hatten sie ganz vergessen, dass heute ein herrlicher Frühsommertag war, der überhaupt nicht zu den geheimnisvollen Themen des Buches passte, das sie gerade angesehen hatten.

„Eigentlich schade, ich hätte gern etwas mehr darin gelesen", seufzte Ella, während sie sich die Hand vor die Augen hielt.

Sie hatte überlegt, ob sie das Buch vielleicht ausleihen könnten, aber Max überzeugte sie davon, dass dies erstens ohne Ausleihausweis wohl schwierig sein würde und außerdem auch zu verdächtig, falls Georg noch mal zurückkäme, um das Buch auszuleihen. *Er* hatte ja wahrscheinlich einen Ausweis, so gut wie er sich hier auskannte.

„Lass uns zum Fluss gehen, es ist so tolles Wetter. Wir können ja morgen noch mal bei Georg vorbeischauen."

Max war zwar auch neugierig geworden, aber für heute genügte ihm das Spionieren. Er wollte noch ein wenig den Nachmittag genießen, bevor er nach Haus musste. Sie schlenderten über den Rasen und den Parkweg entlang, als plötzlich ein merkwürdig hell gleißender Sonnenstrahl vor ihnen aufblitzte. Sie traten schnell näher und sahen vor sich auf dem Weg einen Spiegel liegen. Er hatte mehrere Sprünge und war etwa so groß wie ein Briefumschlag.

„Ach du Schande", rief Ella, „das bedeutet sieben Jahre Pech!"

Max drehte sich mit ärgerlich gefurchter Stirn zu ihr um.

„Spinnst du? Du bist doch nicht etwa abergläubisch oder hat dich dieses Buch total gaga gemacht? Gut, dass wir es nicht mitnehmen konnten!"

Er bückte sich und hob den Spiegel auf. Er hatte mit einem Mal das seltsame Gefühl, als hätte er etwas vergessen, etwas das ihm gewissermaßen auf der Zunge lag. Was war es nur. Schon als er das Aufblitzen sah, kam es ihm so merkwürdig vertraut vor. Max steckte den Spiegel in seine Tasche und ging nachdenklich weiter. Ella sagte etwas zu ihm, aber er war so in Gedanken, dass er nichts verstand. Sie zupfte ihn verärgert am Ärmel und holte gerade Luft, als es ihm einfiel.

„*Das* war es also. Das Blitzen an der Hauswand, erinnerst du dich? Er hatte einen Spiegel im Baumhaus."

Ella verstand nicht. „Was für ein Blitzen?"

„Hast du das denn nicht bemerkt, das Blitzen, als der Mann aus Georgs Haustür trat? Das ist Georgs Spiegel, er hatte ihn wohl vorhin bei sich und dann verloren. Der lag auch noch nicht auf dem Weg, als wir gekommen sind."

Am Fluss herrschte schon ausgelassene Ferienstimmung. Überall lagen Menschen auf den abschüssigen Wiesen, die zum Wasser führten, und hatten ihren halben Hausrat um sich herum verstreut. Laute Musik schallte den zweien entgegen, und ein Ball verfehlte nur ganz knapp Ellas Kopf.

Sie wurden schnell von einigen Mitschülern mit lautem Hallo begrüßt, die es sich unter einer alten Weide gemütlich gemacht hatten. Max ließ seinen langen schlaksigen Körper auf das Gras fallen und blinzelte durch die Zweige.

„Na Max, hat Ella dich also doch noch gefunden?"

Einige Jungen lachten.

„Sie hat ja so sehnsüchtig vor der Schule auf dich gewartet!"

Ella funkelte die Jungs an und stemmte ihre Arme auf die Hüften. Aber bevor sie richtig loslegen konnte, sagte ein Junge mit struppigem, orangerotem Haar bereits: „Ist ja schon gut, kannst du etwa keinen Spaß vertragen?", und hielt ihr eine Tüte mit Chips vor die

Nase. Alle wussten, dass man sich mit Ella besser nicht anlegte. Sie verstand es, sich auch gegen Stärkere hervorragend zu wehren und ließ sich nichts gefallen. Allerdings wussten auch alle, dass sie nicht nachtragend war und bei jedem Quatsch gern mitmachte. So bediente sie sich jetzt nur gelassen aus der Chipstüte und ließ die Anspielung auf sich beruhen.

Max richtete sich auf und legte die Handflächen hinter dem Rücken ins Gras. Es war ihm etwas eingefallen.

„Malte, du hast doch der Lauterstein gestern beim Müllsammeln geholfen, hab ich gehört. Hast du gesehen, was sie damit nach dem Unterricht gemacht hat?"

Der Junge mit dem roten Zottelhaar schoss herum, als hätte ihn eine Wespe gestochen.

„Was soll das, Mann, halt du dich da lieber raus!"

Vor Wut zerknautschte er die Tüte, die er in der Hand hielt. Er musste an die lange Reihe von Sätzen denken, die er eine halbe Stunde lang gezwungen war zu schreiben. Immer wieder: *Man geht nicht an fremde Sachen.*

Aber Max beruhigte ihn schnell. Er erzählte vom Auto der Lehrerin, das seltsamerweise bei ihm vor der Tür parkte, beladen mit einigen dubiosen Plastiksäcken. Malte konnte aber nichts zu einer Erklärung beitragen. Er war natürlich nach dem Nachsitzen so schnell wie möglich abgehauen, bevor Frau Lauterstein auf die Idee gekommen wäre, ihn mit der Müllentsorgung zu beauftragen. Das hätte ihm noch gefehlt! Zu Hause hatte es sowieso Streit gegeben, da er zu spät kam und der Laden, in dem er etwas hätte besorgen sollen, schon geschlossen war. Ob sie den Sack also in ihr Auto verfrachtet hatte oder nicht, konnte er nicht sagen.

Zur allgemeinen Unterhaltung erzählte Ella nun, wie Max heute Mittag Frau Lauterstein eine Wasserbombe auf den Kopf geworfen hatte. Alle schütteten sich aus vor Lachen. Sofort überlegten sie, wie es möglich wäre, auch andere Lehrer auf diese Weise zu beglücken. Die Jungs überschlugen sich gegenseitig mit ihren Vorschlägen. Sie sahen die nassen Lehrer direkt schon vor sich. Im Vorgefühl ihres Triumphes kugelten sie sich auf der Wiese herum und kicherten laut.

An Frau Lautersteins merkwürdiges Verhalten dachte niemand mehr, niemand außer Max. Vielleicht wäre es ihm ähnlich gleichgültig gewesen – Lehrer waren eben schwer zu verstehen – , wenn es nicht vor *seiner* Haustür passiert wäre, wenn der Wagen nicht bei *ihm* stünde. So aber ließ ihm dieser Vorfall keine Ruhe und spukte immer weiter in seinem Kopf herum. Er nahm sich vor, in den nächsten Tagen darauf zu achten, ob Frau Lauterstein oder ihr Auto sich wieder dort blicken ließen.

Es wurde Abend und die meisten Leute hatten bereits ihr Sack und Pack in Taschen und Rucksäcke gestopft und waren verschwunden, als auch Ella einfiel, dass sie besser nach Haus ging. Sie hatte ihrer Mutter zwar den Zettel gegeben, aber nicht gefragt, ob sie selbst Eva abholen konnte. Sie hatte es plötzlich eilig und zog Max, der gern noch am Ufer nach Steinen

und anderen interessanten Dingen gesucht hätte, mit
sich.

Sie waren beide in ihre eigenen Gedanken versunken. Nachdem sie mehr als zwei Stunden mit
ihren Freunden gelacht und herumgealbert hatten,
waren sie nun müde und still geworden. Vieles ging
ihnen durch den Kopf, alle heutigen Erlebnisse und
die Pläne für die nächsten Wochen, denn bald gab es
Sommerferien. Obwohl es schon Abend war, hatte es
sich noch nicht abgekühlt, im Gegenteil, es war heißer
als am Mittag.

„Vielleicht bekommen wir morgen Hitzefrei",
sagte Max, „wenn es so warm bleibt."

„Ja, das wär schön", murmelte Ella.

Sie schien aber nicht über das Wetter nachzudenken.

„Du, Max, gehen wir morgen noch mal zu Georg?
Ich möchte zu gern wissen, was da im Busch ist. Was
meinst du, warum ist er so plötzlich weggerannt und
was hatte er wohl in diesen Säcken, die er in sein
Baumhaus geschleppt hat?"

„Vielleicht auch eine Müllsammlung, wie die
Lauterstein!"

Max knuffte Ella lachend in die Seite. Aber Ella
fand das gar nicht komisch.

„Du nimmst das nicht ernst. Aber ich sage dir, da
ist was faul, das habe ich im Gefühl!"

Sie war regelrecht verärgert und Max wunderte
sich.

Er hatte ja nur einen kleinen Scherz machen wollen. Natürlich war er auch neugierig und das Spionie-

ren machte ihm Spaß, aber Ella schien mittlerweile richtig verbissen zu sein. Schließlich sollte es doch nur ein Spaß sein, eine Sommernachmittags-Beschäftigung, und nicht in Arbeit ausarten, oder? Er antwortete darum nur ganz vorsichtig.

„Mal sehen, ich weiß noch nicht, ob ich dann Zeit habe."

Sie schwiegen, bis sie in der Straße, in der Max wohnte, angekommen waren. Die Häuser und der Straßenbelag strahlten die Hitze des ganzen Tages aus. Es war viel wärmer als am Fluss und die beiden wurden immer langsamer.

Plötzlich ergriff Max aufgeregt Ellas Arm und zischte in ihr Ohr.

„Da, sieh nur, der Wagen der Lauterstein. Da ist doch jemand, ein Mann. Es sieht aus, als würde er ihn aufbrechen!"

Beide blieben abrupt stehen. Es stimmte. An dem Wagen, der noch genauso eingeparkt dastand wie heute Mittag, machte sich ein Mann zu schaffen. Er bückte sich zum Boden, er schaute durch die Fenster und fummelte anscheinend mühsam am Türschloss herum. Dann hatte er die Tür geöffnet und wühlte in den Tüten.

„Was sollen wir tun?", flüsterte Ella.

Max schüttelte den Kopf.

„Was sollen wir schon tun, er wird in dem Müll ja keine Goldstücke finden. Vermutlich ist er enttäuscht und haut sowieso gleich ab."

„Aber wenn nicht?"

Ella ließ nicht locker.

„Wenn sie nun doch irgendetwas Wertvolles in ihrem Auto liegen hat?"

„Dann hätte sie eben besser aufpassen sollen. Selber schuld."

Max wurde vor Ärger lauter. Ella zischte ihm zu, doch gefälligst leiser zu sein, und zog ihn näher hinter eine Platane mit dickem Stamm.

Platane *hoch wachsender Laubbaum mit großen Blättern und heller Rinde*

„Mit dem können wir zwei uns doch nicht anlegen. Was willst du machen, wenn er eine Waffe hat?"

Ella dachte darüber nach. Max hatte vermutlich recht. Natürlich könnte man schreien, dann würde er vielleicht schneller fliehen. Oder sie könnten im nächsten Hauseingang klingeln und nach der Polizei rufen lassen. Aber war es wirklich so notwendig? Sollte Frau Lauterstein eben besser auf ihre Sachen aufpassen. In dem Moment warf der Mann die Wagentür zu und lief eilig die Straße entlang, bis er in einem Durchgang zwischen einigen Häusern verschwand.

Ella und Max schauten ihm verdutzt hinterher. Aber Max fing sich schnell wieder.

„Komm, lass uns gehen. Wenn die Lauterstein durch Zufall gerade jetzt zurückkommt, dann denkt sie noch, wir hätten was damit zu tun. Außerdem habe ich keine Lust, ihr die Dusche von heute Mittag erklären zu müssen."

Vor der Haustür von Max winkte Ella ihm nur noch kurz zu und eilte dann schnell nach Hause weiter. Max stieg die Treppen hinauf und dachte dabei angestrengt nach. Natürlich wollte er sich nicht mit einem Einbrecher anlegen, aber man konnte nie wissen, vielleicht war es doch besser, sich gut zu merken, wie er ausgesehen hatte. In Gedanken ging er noch einmal alles durch, ja, er konnte ihn deutlich vor sich sehen. Er war sicher, ihn wieder erkennen zu können, sollte er noch einmal das Pech haben, diesen Kerl irgendwo zu treffen.

In der Küche wartete seine Mutter schon auf ihn. Sie fragte, ob er Spaß gehabt hatte und wo er gewesen war. Max erzählte ihr vom Fluss und von Maltes Geschichte mit den Kakaotüten im Müllsack und wie er dafür nachsitzen musste. Seine Mutter lachte mit ihm. Merkwürdige Lehrer gab es. Von der Wasserbombe, von Georg und dem beobachteten Einbruch in den Wagen von Frau Lauterstein erzählte Max seiner Mutter allerdings nichts. Er wollte sich den schönen Tag nicht durch zu viele Fragen und Ermahnungen verderben lassen.

Nach dem Essen ging er in sein Zimmer, um seine Sportsachen für morgen früh einzupacken. Es war heiß und stickig im Zimmer. Er machte sein Fenster weit auf und ließ sich erstmal auf sein Bett fallen. Alle Ereignisse drehten sich in seinem Kopf herum und er war so müde, dass er die Augen schloss.

Auf einmal hörte er ein Schuhgeklapper auf dem Gehweg, das ihm irgendwie bekannt vorkam. Er sprang zum Fenster und lehnte sich hinaus. Es war Frau Lauterstein, die zu ihrem Auto lief.

Ob sie wohl gleich etwas merkt, fragte sich Max. Er konnte von seinem Platz aus den Wagen nicht sehen,

aber nach einigen Minuten hörte er, wie ein Motor ansprang und sich die Fahrgeräusche langsam entfernten.

Nur gut, dass sie am Eingang nicht auf die Namensschilder geschaut hat, dachte Max noch.

Was soll die Jacke im Baum?

Am nächsten Morgen herrschte schon in aller Frühe eine brütende Hitze. Alle Kinder gingen in Vorfreude auf ein Hitzefrei zur Schule. Auch Ella stellte sich darauf ein. Sie hatte sich vorgenommen, heute
5 notfalls auch ohne Max zu Georgs Haus zu laufen. Da sie an diesem Tag erst um neun in der Schule sein musste, konnte sie mit ihrer Mutter und Eva in Ruhe frühstücken.

Glücklicherweise hatte es gestern Abend keine
10 Missverständnisse gegeben. Ihre Mutter hatte Evchen bereits abgeholt, als Ella nach Hause kam, und schimpfte auch nicht, dass es schon nach sieben Uhr war. Genüsslich griff Ella nach ihrem zweiten Brötchen, schmierte sich Butter und Honig darauf und
15 kaute herzhaft. Ihr Appetit wurde auch durch die Hitze nicht geschmälert. Nebenbei verpackte sie zwei Wurstbrötchen für die Schule, griff sich noch einen Apfel und eine Hand voll Tomaten, die sie ebenfalls in ihrem Rucksack verstaute. Ihre Schwester dagegen
20 rührte nur lustlos in ihrem Müsli herum, wobei die Milch über den Schüsselrand schwappte.

„Heute hole ich Evchen ab", sagte ihre Mutter gerade, „am Nachmittag ist sie bei Lisa nebenan."

Ella war erleichtert. Wie wunderbar, freie Bahn
25 für ihre Pläne. Fast hätte sie nicht weiter zugehört, als sie plötzlich aufhorchte. Hatte ihre Mutter nicht eben „Bibliothek" gesagt?

„ ... da muss ich noch einiges recherchieren."

recherchieren
gründlich nachforschen

„Du gehst in eine Bibliothek?"

„Ja, in die Landesbibliothek, das sagte ich doch gerade, am Nachmittag. Ella, du musst jetzt aber wirklich los, sonst kommst du zu spät."

Ella stand auf, wobei es heftig Krümel auf den Teppichboden regnete. Ihre Gedanken sausten hin und her.

„Kann ich vielleicht mitkommen? Wann bist du denn dort, dann komme ich auch hin. Ein Schulfreund von mir wohnt in der Nähe. Ich wollte ihn sowieso besuchen."

„Ach, wirklich? Ja, so gegen fünf, nehme ich an, ich weiß noch nicht. Warum willst du denn mit? Dort gibt es aber keine Kinderbuch-Abteilung."

Ihre Mutter schaute Ella fragend und sehr nachdenklich an, aber Ella verabschiedete sich schnell. Sie hatte es plötzlich sehr eilig.

Auf dem Weg zur Schule überlegte Ella, wie sie in der Bibliothek das Buch, in dem Georg gelesen hatte, wiederfinden könnte und wie sie ihre Mutter dazu bringen könnte, es vielleicht für sie auszuleihen. Schade, dass sie nicht auf den Namen des Verfassers geachtet hatte. Jedenfalls musste sie sich eine gute Geschichte zurechtlegen.

Als sie bei Max vorbeikam, fiel ihr der Wagen ihrer Englischlehrerin wieder ein und sie schaute sich danach um. Aber natürlich stand er nicht mehr da. Ella fragte sich kurz, ob der Einbruch wohl ein Thema in der Schule sein würde – falls Frau Lauterstein überhaupt darüber redete.

Sie lief jetzt etwas schneller, um nicht gerade heute zu spät zu kommen. Mittwochs hatten sie nämlich in der ersten Stunde Englischunterricht. In der dicken Platane, hinter der sie sich gestern Abend versteckt
5 hatten, lärmte ein Schwarm Vögel. Man merkte ihnen an, dass sie sich bei dem herrlichen Sonnenschein auch viel glücklicher fühlten als bei Regenwetter. Ella wurde mit einem Mal richtig bewusst, dass bald Ferien waren, Sommerzeit, und egal, ob es sonnig bliebe
10 oder nicht, sie würde Zeit haben, massenhaft Zeit.

Im Klassenzimmer war es heute noch viel lauter als sonst, alle waren aufgedreht und albern. Die Fenster hatten sie sperrangelweit geöffnet. Ella ging zu ihrem Platz und bemerkte sofort, dass Georg noch
15 nicht da war. Sie hatte sich kaum hingesetzt, als auch schon Frau Lauterstein den Klassenraum betrat. Sie sah ziemlich müde aus, fand Ella. Da ging die Tür noch einmal auf und Georg schlich unauffällig zu seinem Tisch.
20 Ella hatte den Eindruck, als sei er nicht mehr ganz so verängstigt wie gestern, aber dafür schien er etwas zu hinken. Frau Lauterstein schaute nur ganz kurz auf, die anderen beachteten ihn überhaupt nicht. Er verstand es wirklich, sich fast unsichtbar zu
25 machen.

Die Schulstunde war wieder einmal ziemlich langweilig. Übungen zur Grammatik anhand des Lehrbuchs, einiges hatten sie abzuschreiben, anderes sollten sie wiederum in einem Text finden und mar-
30 kieren. Sie will nicht mit uns sprechen, dachte Ella

plötzlich, wir sollen nur beschäftigt sein, wir sind ihr eigentlich egal. Sie schaute zur Lehrerin hinüber, die mit abweisendem Gesicht an der Tafel stand. Und uns ist sie ja auch egal. Wir wissen gar nichts über sie, aber sie weiß außer unseren Noten auch nichts über uns.   5

Als die Schulglocke klingelte, atmeten alle auf, und sofort fing das Lärmen wieder an. Frau Lauterstein raffte eilig ihre Sachen zusammen und verließ die Klasse. Während der Pause hörten einige, dass sie nach der nächsten Stunde Hitzefrei bekommen sollten.   10

Ella sah sich nach Max um und fand ihn, wie er mit einigen seiner Freunde Fußball mit einer leeren Dose spielte. Sie winkte ihn heran und erntete natürlich wieder einige Sticheleien, die sie aber nicht weiter kümmerten. Sie hatte Wichtigeres im Kopf.   15

„Kommst du mit zu Georg, wenn gleich Schulschluss ist?"

Max schüttelte den Kopf.

„Geht nicht, ich hab mich schon mit Leo, Paul und Tom zum Schwimmen verabredet, vielleicht am Nach- 20 mittag."

Er wartete ihre Antwort gar nicht ab, winkte ihr nur zu und kehrte zurück zu seinen Freunden, die schon ungeduldig nach ihm riefen.

Dann eben nicht, dachte Ella trotzig, ich kann 25 auch ohne dich herausfinden, was da faul ist. Und ich werde es auch herausfinden! Innerlich stampfte Ella mit dem Fuß auf.

„Na, hat dich dein lieber Max abblitzen lassen?"

Ella fuhr herum, dass ihre Ketten ihr nur so um die 30

Ohren flogen. Hinter ihr stand ihre Freundin Marie. Der Spott stand ihr so deutlich ins Gesicht geschrieben wie eine fette Schlagzeile. Sie war stets etwas eifersüchtig auf Max, wenn Ella mit ihm loszog, statt die Nachmittage mit ihr zu verbringen.

„Quatsch!"

Ellas Augen verfinsterten sich gefährlich. Sie hatte absolut keine Lust, Marie zu erklären, worüber sie sich geärgert hatte.

Ihre Freundin lachte nur.

„Kommst du nachher mit ins Schwimmbad?"

„Nein, ich muss nach Hause."

„Jetzt gleich? Es gibt doch Hitzefrei!" Marie konnte es nicht fassen. „Und am Nachmittag?"

„Da treffe ich mich mit meiner Mutter in der Landesbibliothek und helfe ihr beim Recherchieren", kam Ellas Antwort wie aus der Pistole geschossen.

Da in dem Augenblick die Schulglocke das Ende der Pause einläutete, kam Ella um weitere Erläuterungen herum. Sie ließ Marie verblüfft stehen und eilte überstürzt in die Klasse zurück. Sie würde es schon wieder gutmachen, dachte sie dabei mit schlechtem Gewissen. Marie war schon in Ordnung, aber im Moment konnte sie keinerlei Ablenkungen und Fragen gebrauchen. Sie wollte um jeden Preis auf Georgs Fährte bleiben.

Auf der Treppe gab es ein noch schlimmeres Gedränge als sonst schon. Jeder wollte so schnell wie möglich die gute Nachricht hören und als Erster die Schule wieder verlassen.

Ella sah Georg schon an seinem Platz sitzen. War er vielleicht gar nicht draußen gewesen? Er sah auf seine Uhr. Da kam Herr Reinert, der Klassenlehrer, herein und schob einige Nachzügler, die noch in der Tür standen, beiseite.

„Ja, ihr habt es sicher schon gehört – es gibt jetzt Hitzefrei."

Alles johlte und griff bereits nach den Taschen.

„Halt!"

Herr Reinert erhob seinen Arm.

„Morgen kommt ihr aber bitte wieder! Keiner bestimmt für sich, wie lange das Hitzefrei andauert!"

Der hastige Aufbruch der Schüler war aber schon in vollem Gange. Ella beobachtete aus den Augenwinkeln Georg. Als er ging, folgte sie ihm mit einigem Abstand. Da griff plötzlich jemand nach ihrem Arm. Sie wollte sich schon einfach losreißen, sah sich aber dann doch um.

„Du hast deine Tasche vergessen." Marie hielt ihr mit ausgestrecktem Arm und ernstem Gesicht die Schultasche hin.

Ella lächelte sie an. „Danke, das ist nett von dir. Ich rufe dich heute noch an, ja?"

Marie nickte, während Ella schon mit geschultertem Rucksack die Treppen hinuntersprang. Unten sah sie Georg gerade noch durch den Seitenausgang schlüpfen, der zum Lehrerparkplatz führte.

Dort wimmelten nicht so viele Schüler herum wie vor der Schule, trotzdem war das Gelände wegen der vielen Autos und der Bäume zwischen den Parkplätzen nicht gerade übersichtlich. Ella blieb an der Tür einen Moment stehen und schaute sich nach Georg um. Sie konnte ihn nirgends entdecken. Wie war das möglich? Er konnte doch nicht so schnell verschwunden sein.

5 Langsam ging sie den schmalen Weg entlang und blickte dabei nach allen Seiten. Da sah sie in der hintersten Ecke des Parkplatzes Frau Lauterstein und Picasso, den Kunstlehrer, stehen. Picasso hieß eigentlich Schmidt, da er aber fast in jedem zweiten Satz den 10 spanischen Künstler erwähnte, wurde er von allen so genannt. Frau Lauterstein gestikulierte heftig mit ihren Armen herum. Anscheinend war sie sehr aufgeregt. Der Kofferraum ihres Autos stand offen und sie zeigte immer wieder mit heftigem Nachdruck hinein. 15 Picasso schüttelte mehrmals den Kopf. Ella konnte einige Plastiksäcke im Kofferraum erkennen. Ob das die gleichen wie gestern waren? Was machte sie nur so einen Aufstand um diesen Müll? Aber worüber die beiden wirklich sprachen, konnte Ella aus der Entfer-20 nung nicht verstehen und außerdem interessierte es sie auch nicht wirklich.

Sie folgte dem Weg, der dicht am Schulgebäude entlang um die Ecke in eine kleine Grünanlage mündete. Da plötzlich sah sie Georg wieder. Er lehnte an 25 einem etwas abseits stehenden Baum und warf seine Jacke über einen Ast. Dann schob und stopfte er sie nach und nach in der Astgabel fest, so dass fast nichts mehr von der Jacke zu sehen war.

Ella duckte sich schnell hinter einen Busch. In dem 30 Augenblick schaute er sich auch schon misstrauisch um und schlenderte dann weiter. Ella blickte ihm hinterher. Er nahm die Richtung, die in seinen Stadtteil führte.

Was sollte sie nun tun? Wenn sie die Jacke untersuchen würde, dann konnte sie ihm nicht sofort folgen und würde ihn vielleicht aus den Augen verlieren. Andererseits war es wahrscheinlich, dass er jetzt nach Hause ging, er hatte zumindest diese Richtung eingeschlagen, aber sie konnte dessen nicht sicher sein. Es war Hitzefrei, vielleicht hatte er auch etwas ganz anderes vor. Die Jacke konnte sie auch später noch untersuchen. Er hatte sie ja gut versteckt und es sah nicht so aus, als würde er sie gleich wieder holen wollen. Ella entschied sich dafür, lieber in Georgs Nähe zu bleiben.

Es ist nicht so einfach, jemanden auf normalen Gehwegen unbemerkt zu verfolgen, besonders, wenn diese wegen der Hitze von anderen Personen lieber gemieden werden. Ella musste oftmals Zuflucht hinter einem parkenden Wagen suchen, wenn Georg an einer Ampel stehenblieb oder sich einfach so umsah. Aber sie schien es im Gefühl zu haben, wann es brenzlig wurde, und außerdem ließ sie ihn weit vorausgehen. Sie war sich mittlerweile sicher, dass er nach Haus wollte.

Als er in seine Straße einbog, blieb Ella zurück und wartete ab, bis sie überzeugt war, dass er inzwischen angekommen war. Dann erst beeilte sie sich, an die Stelle am Zaun zu kommen, von der aus sie gestern eine so gute Sicht durch die Büsche gehabt hatten.

Zuerst sah sie ihn nicht. Aber am Baumhaus im Ahorn hing die Strickleiter herab. Sie baumelte sogar noch. Wenige Sekunden später verließ Georg die Hütte mit einem großen Sack. Er schob genau wie gestern mit dem Stock wieder die Leiter nach oben, versteckte den Stock und ging mit dem Sack um das Haus. Kurze Zeit darauf kam er mit dem Sack und einer großen Reisetasche wieder und eilte über den Rasen direkt auf den Ausgang zu.

Ella hielt den Atem an und sah sich hilflos um. Wo sollte sie sich jetzt schnell verbergen? Es parkten im Gegensatz zu gestern kaum Autos am Straßenrand, wahrscheinlich weil es noch Vormittag war. Kein dicker Baum stand in Reichweite. Kein offener Hauseingang. Wohin nur?

Gerade als sie blitzschnell über eine Ausrede nachdachte, die sie Georg präsentieren könnte, fuhr ein Paketwagen der Post die Straße herauf und hielt ganz in ihrer Nähe. Ella sprang kurz entschlossen über Gehweg und Straße und versteckte sich hinter dem Wagen.

Der Fahrer stieg aus und schaute durch die Glasscheiben direkt in Ellas Gesicht. Ella schüttelte nur verzweifelt mit dem Kopf. Der Mann zuckte andeutungsweise mit den Achseln, nahm ein Paket in die Hände und ging auf Georgs Garteneingang zu. Fast stieß er dort mit Georg zusammen, der soeben mit Sack und Tasche auf den Gehsteig treten wollte. Die beiden sprachen miteinander.

Ella konnte auch mit wild gespitzten Ohren nur die Hälfte verstehen. Wie es aussah, sollte Georg das

Paket annehmen. Sie hörte mehrmals den Namen *Grillo, Hermann Grillo.* Merkwürdig, so hieß doch niemand aus Georgs Familie. Sie sah, wie er den Kopf schüttelte. Er sprach aber zu leise, als dass Ella noch etwas hätte verstehen können. Der Mann schrieb ₅ etwas auf eine Karte, die er aus seiner Tasche zog, und steckte sie in den Briefkasten am Zaun.

Georg war indessen schon die Straße entlang gegangen, den Sack hatte er über die Schulter ge- schwungen. Hoffentlich sieht er sich nicht um, wenn ₁₀ der Postwagen wegfährt, dachte Ella mit zitternden Knien. Aber der Bote hatte es nicht eilig. Er schrieb hinter seinem Lenkrad angekommen erst noch ei- niges in eine Liste auf einem Klemmbrett, bevor er den Motor startete und losfuhr. Da bog Georg bereits, ₁₅ ohne noch einen Blick zurückzuwerfen, um die Ecke.

Max wird Zeuge

Max aalte sich in der Sonne und ließ dabei seine Badehose trocknen. Die Geräusche um ihn herum hörten sich so herrlich nach Sommer an. Nicht mehr lange und er könnte den ganzen Tag faulenzen und
5 tun, wozu er Lust hatte. Unwillkürlich musste er laut seufzen im Gedanken daran. Hoffentlich blieb das Wetter auch so schön wie jetzt. Er erinnerte sich mit Grausen an das Jahr zuvor, wie er in der größten Hitze in der Schule sitzen musste und während der Ferien
10 dann ein Tag verregneter war als der andere. Schwimmen gehen konnte er in den sechs Wochen nur zweimal, wobei er beim zweiten Mal nach dem Abtrocknen gleich wieder nass wurde, weil ein Wolkenbruch die zaghafte Sonne schnell wieder vertrieben hatte.

15 Heute aber war er furchtbar lange im Wasser gewesen, ganz flau fühlte er sich nun. Er wollte sich gerade aufrichten, um einen Blick in seine Tasche zu werfen und nach etwas Essbarem zu suchen, als ihn ein kalter Wasserschwall auf Kopf und Bauch aufspringen ließ.
20 Hinter ihm ertönte lautes Gelächter.

„Nur nicht einschlafen! Hier wird nicht gefaulenzt!" Das klang wie Frau Lauterstein. Malte natürlich! Der musste ja wohl überall dabei sein.

Max griff verärgert nach seinem Handtuch und
25 trocknete sich ab.

„Wo kommst du denn her?", fragte er dabei betont gleichgültig. Er schaute sich nach seinen Freunden um, die auch mitgelacht hatten.

Malte ließ sich ins Gras fallen.

„Ja, wo komme ich her und wo gehe ich hin und was ist meine Bestimmung in diesem Schülerleben?"

Jetzt hörte er sich an wie Picasso, wenn dieser, während alle zeichneten, seine einsamen philosophischen Vorträge hielt. Tom und Leo gackerten dazu wie ein ganzer Hühnerhof.

„Ich komme in höchst geheimer Mission und will euch an meinen Plänen teilnehmen lassen", sagte er geziert und schaute dabei wichtigtuerisch in die Runde.

„Was für Pläne denn", fragte Max feindselig, „etwa wieder eine Klassenmüll-Sammlung?"

„Ha, das wär' auch nicht schlecht und den Müll würden wir ihr vor die Haustür legen oder auf ihr Auto."

Malte schlug sich auf die Oberschenkel und lachte.

„Nee, ich hab eigentlich an dein Wasserbomben-Experiment gedacht. Das könnte man doch in der Schule durchführen. Ich weiß von Michael, dass die Lauterstein donnerstagnachmittags einen Nachhilfekurs in der Schule macht. Und ihr wisst vielleicht auch, dass die Harke noch im Krankenhaus ist. Ich hab da so 'ne Idee, wie man die Lauterstein beim Rausgehen duschen könnte, ohne dass sie merkt, wer ihr die Abkühlung gönnt – und man könnte schnell abhauen. Also, wer will dabei sein? Das wird ein Spaß, ich versprech's euch!"

Max war davon nicht so überzeugt, aber er hatte keine Lust, mit Malte darüber zu streiten. Sollte der

doch aushecken was er wollte. Er fand, Lehrer sollten doch selbst auf sich aufpassen, ihn ging das nichts an.

„Und wenn die Harke morgen wieder zurück ist und zur selben Zeit unten harkt, was machst du dann?"

Leo zeigte an Maltes Plan deutlich mehr Interesse. Die Harke war der Hausmeister der Schule. Er hieß Hake, wurde aber nur Harke genannt, da er mit ebendiesem Instrument herumwirbelte, noch bevor ein Blatt auch nur Zeit fand, auf die Erde zu fallen. Beim Harken war der Unfall auch passiert, der ihn ins Krankenhaus gebracht hatte. Er war unglücklich gestolpert und hatte sich ein Bein gebrochen und eine Gehirnerschütterung davongetragen.

Max sammelte seine Badesachen zusammen und hörte nicht mehr richtig zu. Er hatte keine Lust mehr, noch länger zu bleiben. Seine Freunde umringten Malte und stellten ihm Fragen über Fragen zu seinem Plan. Man sah ihnen an, dass sie gern mitmachen würden, sich aber doch nicht recht trauten. Sie merkten dabei gar nicht, dass Max im Begriff war zu gehen.

Was für ein kindisches Spiel, dachte er. Obwohl er die Lehrerin auch nicht mochte, sah er keinen Sinn darin, ihr Wasser auf den Kopf zu schütten, dann Hals über Kopf zu fliehen und später noch zu bangen, ob es vielleicht doch herauskäme.

„Ich muss los", rief er noch über die Schulter und kletterte die Böschung zur Straße hoch.

Es war erst kurz nach zwölf und eigentlich wollte Max noch nicht nach Hause. Er schaute sich um und

überlegte, wohin er nun gehen könnte. Die Hitze brachte die Luft über dem Asphalt zum Flimmern. Nur wenige Meter vom Flussufer entfernt war es gleich viel stickiger und die Luft stank nach den Aus-
5 puffgasen der vorbeibrausenden Autos. Ganz in der Nähe gab es einen Kiosk, auf dessen Dach die Fahne einer Eisfirma im Wind flatterte. Bei dem Anblick bekam Max gleich Appetit auf Eis und er steuerte den Kiosk an.

10 Er kramte gerade in seinen Taschen nach Geld, als er vor Schreck zusammenzuckte. Ein Mann trat aus dem Schatten hinter dem Kiosk hervor, den Max sofort erkannte. Es war der Mann, der in Frau Lautersteins Auto eingebrochen war! Er hielt eine Flasche
15 in der Hand, die er langsam an die Lippen führte. Max war erschrocken stehen geblieben und überlegte blitzschnell, was er nun tun sollte. Wo könnte er sich verstecken?

Der Mann schaute sich um und sah die Straße hi-
20 nunter. Da fiel Max auf einmal ein, dass der Mann ja nicht wusste, dass er beobachtet worden war. Er hatte Max nie gesehen, weshalb sollte er misstrauisch sein? Max ging langsam weiter und zog endlich seine Hand wieder aus dem Rucksack heraus, die er vor Schreck
25 ganz vergessen hatte. Er trat an den Kiosk heran und verlangte ein Schokoladeneis.

Der Mann trat dicht neben ihn und stellte die leere Flasche ab. Dann griff er in seine Hosentasche, holte ein Handy hervor und entfernte sich ein Stück hin-
30 ter den Kiosk, während er eine Nummer eingab. Max

bezahlte umständlich und packte sehr langsam sein Eis aus, weil er noch eine Weile dort stehen bleiben wollte. Er beobachtete vom Papierkorb aus, wie der Mann die Straße überquerte und auf einen kleinen Durchgang zwischen zwei Häusern zuging. 5

Nun dachte Max nicht mehr lange nach. Vielleicht konnte er ja herauskriegen, wo der Einbrecher wohnte. Ohne zu zögern lief er ihm hinterher, wobei er zwei Autofahrer zum abrupten Bremsen zwang, und näherte sich diesem kleinen Weg. Vorsich- 10 tig spähte er hinein und sah den Fremden in einen Hauseingang treten.

Max eilte den Weg entlang, als plötzlich der Mann den Eingang wieder verließ. Zum Glück stand vor Max ein großer Kübel mit einem dicken Lebensbaum 15 darin, hinter den er sich blitzschnell duckte. Er tat, als binde er sich seine Schnürsenkel neu, man konnte ja nie wissen, vielleicht hatte der Mann ihn ja gesehen. Max hörte zunächst nur sein Herz, das ihm derart in den Ohren dröhnte, dass er sich fragte, ob nicht die 20 Bewohner dieses Hauses gleich ein Fenster über ihm aufreißen würden, um nach der Ursache dieses Getrommels zu sehen.

Dann aber bemerkte er, dass der Mann immer noch telefonierte. Er stand ganz in der Nähe und hatte Max 25 anscheinend nicht bemerkt.

„Das ist doch alles wertloses Zeug ... was? Nein, das geht nicht, nein, aber ich weiß schon, was wir machen können ... So hör doch mal zu! ...“

Der Mann war aufgeregt, sein Gesprächspartner 30

aber anscheinend noch mehr, weshalb er erstmal selbst zuhören musste. Max begann hinter dem Pflanzenkübel schrecklich zu schwitzen und das lag jetzt nicht am Wetter. Mit dem „wertlosen Zeug" meinte der Einbrecher sicher das Zeug in Frau Lautersteins Auto, er hatte ja schließlich ausgiebig in ihren Müllsäcken rumgekramt.

„Ach die Messer, die taugen doch nichts und überhaupt ist alles so verschmiert ..."

Max hielt den Atem an. Messer? Zum Teufel, was hatten die vor?

„Dass es nicht auffällt? Das kannst du vergessen, das ist unmöglich. Hör doch zu, ich weiß, was wir tun. Ja klar hab ich schon alles vorbereitet ... Nein, da ist keiner da. Ärger? Unsinn, die Alte muss sowieso weg. Mach dir keine Sorgen, das wird ein Bombenerfolg, diesmal zahlt es sich wirklich aus."

Der Mann steckte sein Handy wieder in die Tasche und blieb noch einen Augenblick stehen.

„Geh endlich, geh weg", dachte Max inbrünstig. Wenn er ihn hier entdecken würde, einen Ohrenzeugen geplanter Verbrechen, dann gute Nacht! Aber was hatte der Kerl vorbereitet? Und was, um Himmels willen, meinte er mit ‚die Alte muss sowieso weg'? Konnte es denn sein, dass er Frau Lauterstein meinte und was hatte er dann mit ihr vor? Aber nein, das konnte doch alles nicht wahr sein, das gab's nur im Fernsehen, vielleicht spielte ihm seine Fantasie ja nur einen Streich. Es war ja auch wirklich viel zu heiß. Andererseits war der Typ am Wagen der Lauterstein gewesen,

Ella hatte es doch auch deutlich gesehen. Vielleicht hatte die Lehrerin ihre Papiere mitsamt Adresse im Auto gehabt und den Gauner dadurch auf die Idee gebracht, dass vielleicht doch noch mehr zu holen war. Wer weiß? Er musste dem Mann einfach auf der Spur bleiben, diese Chance durfte er sich auf keinen Fall entgehen lassen.

Aber einfach war es nicht. Max zitterte jetzt trotz der Hitze vor Angst. Da endlich ging der Mann los, er schlenderte den schmalen Gang entlang in die andere Richtung. Max hätte aufatmen können, aber er konnte sich vor Anspannung überhaupt nicht rühren. Seine Beine und Arme fühlten sich vollkommen taub an. Nach einigen Sekunden ließ er sich ganz auf den Boden fallen und blieb an den Kübel gelehnt sitzen. Dann sog er mit einem fast schmerzhaft tiefen Atemzug die stickige Luft ein, dass ihm zunächst schwindelig wurde, seine Lebensgeister aber wieder erwachten.

Ich muss hinterher, sagte er sich und drehte wenigstens den Kopf, um zu sehen, wo der Mann bereits war. Am Ende des Weges bog er gerade links ab. Langsam rappelte sich Max auf, atmete noch einmal tief durch und lief dann, zwar noch etwas wacklig, aber so schnell er konnte, dem Einbrecher hinterher.

Später konnte Max sich kaum noch erinnern, durch welche Straßen er dem Mann auf seiner langen Verfolgungstour überall nachgeeilt war. Als hätte er bemerkt oder jedenfalls befürchtet, dass ihm jemand folgen könnte, schlug der Mann Haken wie ein Hase, bog erst um eine Ecke und sofort um die nächste, überquerte Kreuzungen und eilte durch Grünanlagen, bis Max die Orientierung fast verloren hätte.

Es war schon fast ein Uhr und Max machte sich Sorgen, ob er zum Mittagessen rechtzeitig zu Hause sein würde, wenn das so weiter ginge. Doch schließlich bog der Einbrecher in eine Einfahrt ein, die zu einem Mehrfamilienhaus führte, dem ein kleiner Garagenhof vorgelagert war, und verschwand in einer der Garagen. Max versteckte sich hinter einer Wand und überlegte, ob der Mann vielleicht hier wohnte oder ob er nur etwas stehlen wollte. Aber er war so gezielt auf diese Garage zugesteuert, dass es eher aussah, als wäre er hier zu Hause.

Plötzlich hörte Max ein Quietschen und bevor er sich noch umwenden konnte, rief jemand:

„Hände hoch, sonst bist du erledigt!"

Er zuckte ordentlich zusammen, was ihm im nächsten Augenblick aber peinlich war. Vor ihm saß nämlich ein etwa vierjähriger Junge auf einem Dreirad und zielte mit einer Wasserpistole auf ihn. Max fluchte innerlich, das hatte ihm gerade noch gefehlt, dass so ein Knirps ihn jetzt vielleicht verriet.

„Hände hoch, hab ich gesagt!"

Der Junge stand auf und spritzte Max gegen die Beine. Max nahm schnell die Hände hoch und zischte „Sei doch nicht so laut", aber das beeindruckte den Kleinen kein bisschen. Mit gleicher Lautstärke und erhobener Pistole bombardierte er Max mit Fragen.

„Wer bist du denn? Wo kommst du denn her? Zu wem willst du denn? Was hast du denn in dem Rucksack?"

Es blieb Max nichts anderes übrig, als eine Ausrede zu erfinden.

„Ich suche jemanden, kennst du Herrn Schmidt?"

Der Junge schüttelte den Kopf.

„Oder weißt du, wem die Garage dort gehört, die mit dem hellblauen Tor?"

Wieder Kopfschütteln. In diesem Moment kam der Fremde wieder aus der Garage heraus, zog das Tor zu und ging zum Haus hinüber.

„Dem gehört sie", sagte da der Junge.

„Bist du sicher, ist es seine Garage?"

„Ja klar, der geht da immer rein."

Zur Bekräftigung seiner Aussage spritzte er Max sein ganzes Magazin ins Gesicht und fuhr wie der Teufel über den Garagenhof davon.

Max fluchte, wischte sich mit der Hand über das Gesicht und schaute auf den Hauseingang, in dem der Einbrecher verschwunden war. Es war zu spät, er konnte dem Mann nicht mehr folgen. Aber auch wenn er seinen Namen nicht herausfinden konnte, so hatte er doch jetzt wenigstens eine Adresse. Am Haus prangte eine große 77. Max ging die Einfahrt zurück und suchte nach einem Straßenschild mit dem Namen der Straße. Als er es gefunden hatte, wusste er plötzlich auch wieder, wo er war.

Beethovenstraße stand da in staubigen Buchstaben, er war also im Komponistenviertel, von dem er schon

gehört hatte. Hier gab es die berühmt-berüchtigte Mozartschule, ein Schulzentrum in der Mozartstraße, das immer mal wieder für Schlagzeilen in der Zeitung sorgte. Er zog einen Schreibblock aus seinem Rucksack und kritzelte darauf die Adresse. Max seufzte erleichtert. Das wäre schon mal geschafft.

Eine lange Busfahrt

Verdammt, wo will der bloß hin? Ella konnte kaum noch ruhig sitzen. Sie fuhr nun schon seit fast einer Stunde Bus und Georg wollte anscheinend immer noch nicht aussteigen. Er war erst zum Bahnhof gefahren und dann in diesen Bus umgestiegen, der eine 5 Route fuhr, die Ella noch nicht kannte.

Sie saß ganz hinten und machte sich in ihrem Sitz so klein wie es nur ging. Sie hatte nicht nur Angst, Georg könnte sie sehen, sondern befürchtete auch, dass ein Kontrolleur irgendwo zusteigen würde und 10 mit ihrer Monatskarte nicht einverstanden wäre. Der Bus hatte bereits die Stadtgrenzen überquert und bewegte sich nun offensichtlich ins Umland hinein. Ella sah die Häuser an ihrem Fenster vorüberziehen, bis sie immer seltener wurden. Es folgten Felder und 15 Weiden, auf denen müde Kühe völlig regungslos standen. Es war sehr heiß im Bus, Ella schwitzte unter ihrer Lockenpracht und überlegte, wie sie sich verbergen sollte, wenn der Bus leer und Georg immer noch nicht ausgestiegen war, denn die Zahl der Fahrgäste 20 wurde ständig kleiner.

Georg, auf seinem Platz gleich vorn beim Fahrer, rührte sich während der ganzen Zeit kein bisschen. Er sah starr vor sich hin und schaute weder aus dem Fenster noch hinter sich. Am Ende eines kleinen 25 Dorfes fuhr der Busfahrer eine Schleife in einem Wendekreis, hielt an und schaltete den Motor aus. Hier war anscheinend die Endstation. Was nun? Ella machte sich

noch kleiner und beobachtete zwischen den Rücklehnen hindurch, wie die letzten drei Fahrgäste ausstiegen, bevor Georg sich erhob, seine Säcke aufnahm und ebenfalls den Bus verließ. Wo wollte er nur hin? Hier
₅ gab es doch nur noch Kühe und Wiesen.

Der Fahrer drehte sich nach ihr um.

„Endstation, Fräuleinchen. Wenn du aber gleich wieder zurück willst, musst du eine Stunde warten. Ich mach jetzt Mittagspause."

₁₀ Ella reckte sich und warf ihren Kopf zurück, dass ihre Ohrringe schepperten. Sie hasste Leute, die sie herablassend Fräuleinchen nannten. Ein letzter Blick durch das Fenster zeigte ihr, dass Georg bereits ein gutes Stück entfernt war. Er ging einen Feldweg ent-
₁₅ lang, der zwischen einem halb verfallenen Stall und einer eingezäunten Weide hindurchführte.

Als Ella sich erhob, mit so viel Stolz und Verachtung wie nur möglich, bemerkte sie, dass ihre Shorts, feucht vom Schweiß, am Sitz klebten. Sie zupfte den
₂₀ Stoff von ihrer Haut und atmete erleichtert aus. Es tat gut, nicht mehr sitzen zu müssen. Ohne den Fahrer anzusehen, stieg sie aus dem Bus und näherte sich dem Feldweg.

Es war nicht schwer, Georg zu folgen. Er schaute
₂₅ sich weder um, noch blieb er irgendwo stehen. Trotzdem war Ella über die vielen Büsche und Bäume froh, die am Rand des Weges wuchsen und ihr ein sicheres Gefühl verschafften.

Eine ungewöhnliche Stille ringsum, nur die Gril-
₃₀ len waren zu hören. Die zirpten allerdings in einer

Lautstärke, die Ella bisher nicht für möglich gehalten hätte. Der Weg zog sich hin und Ella bekam Hunger. Sie holte aus ihrem Rucksack ein Brötchen – welch ein Glück, dass sie heute früh nicht so in Eile war wie sonst – und biss herzhaft hinein. Ich hätte den Fah- 5
rer doch fragen sollen, wann der nächste Bus kommt, dachte sie, falls Georg hier noch lange herumwandert. Sie schaute auf ihre Uhr und überlegte, wie viel Zeit von der Stunde Aufenthalt des Busses bereits verstrichen war. 10

Das erwies sich sofort als eindeutiger Fehler. Sie hatte nicht auf den Weg geachtet und stolperte über eine freiliegende Baumwurzel. Das Brötchen flog in hohem Bogen ihr voraus und sie selbst landete bäuchlings im Staub. 15

„Verdammter Mist aber auch!"

Zu spät fiel ihr ein, dass sie leise sein musste, wenn Georg nicht auf seine Verfolgerin aufmerksam werden sollte, aber sich das Knie aufzuschürfen und auch noch still zu sein, war einfach zu viel verlangt. Ella 20
stand vorsichtig auf, klopfte sich den Staub von den Shorts und holte dann ihr Brötchen. Es war noch in ganz gutem Zustand, etwas sandig, aber kein Grund, es den Vögeln zu überlassen.

Wieder zufrieden mit sich selbst blickte sie den 25
Weg entlang – und erstarrte vor Schreck. Nein, das konnte nicht sein, sie hatte ihn doch vorhin noch gesehen! Ella stellte sich auf die Zehenspitzen, sie ging an den linken und dann an den rechten Rand des Weges und sah sich um. Aber Georg war nirgends mehr zu 30

sehen. Es wurde ihr plötzlich ganz unnatürlich heiß. Wenn er mich nun gehört hat! Sicher hat er mich jetzt gesehen und sich dann sofort versteckt. Schnell bückte sie sich, als wäre ihr bei dem Sturz etwas aus den Taschen gefallen, was sie suchen musste.

Vielleicht war er aber irgendwo abgebogen und querfeldein gegangen. Eine Gruppe von großen Trauerweiden, ein Stück weiter vorn, verdeckte die Felder dahinter. Ella fasste sich ein Herz und schlenderte betont gelassen, so als machte sie hier jeden Tag einen Spaziergang, auf die Baumgruppe zu. Sie hielt den Kopf geradeaus auf den Feldweg gerichtet, aber aus den Augenwinkeln untersuchte sie die Trauerweiden.

Da – erst als sie schon ganz nah war, sah sie den unscheinbaren Pfad, der unter den weit herab hängenden Ästen hindurchführte. Sie bückte sich und kroch unter die Zweige. Langsam schob sie sich vorwärts und versuchte mehr zu erkennen, aber ringsum war nichts außer grünen Blättern.

Gerade als Ella einen besonders widerspenstigen Ast zur Seite drückte, hörte sie ein merkwürdiges Geräusch. Sie hielt den Atem an und wartete. Es hatte ganz vertraut geklungen, aber es machte hier keinen Sinn. Wie eine Tür, die ins Schloss fällt, hatte es sich angehört. Ella machte einen Schritt nach vorn – und blieb wie angewurzelt stehen. Da stand ein kleines verfallenes Haus unter einer riesigen Buche und umgeben von Feldern. Dort musste Georg sein. Ob ich es riskieren kann, näher heranzugehen, um durch ein

Fenster zu schauen? Vielleicht packt er ja gerade seine Säcke aus.

Während sie noch überlegte und die Strecke zum Haus in Augenschein nahm, trat Georg plötzlich wieder durch die Tür und ging um das Haus herum nach hinten. Ella duckte sich schnell. Da tauchte Georg auch schon auf, mit einem Fahrrad an der Hand. Ein so verrostetes klappriges Rad hatte sie noch nie gesehen. Was er nur damit vorhatte? Er kam direkt auf sie zu und ließ ihr nicht viel Zeit zum Nachdenken. Wie ein Hase flitzte sie so lautlos sie nur konnte hinter einige dickere Weidenstämme und kauerte sich dicht an den Boden. Georg schob nur etwa zwei Meter von ihr entfernt das Fahrrad unter den Zweigen den Pfad entlang und verschwand.

Ellas Kopf brauste, als wäre ein Wirbelsturm unter ihrer Schädeldecke ausgebrochen. Vorsichtig erhob sie sich und schloss kurz die Augen. Das ist meine Chance, durchfuhr es sie. Wer weiß, ob er nicht gleich wieder zurückkommt. Sie rannte wie der Wind zum Haus hinüber. Die Tür war nicht abgeschlossen, so wie sie aussah, war es fraglich, ob sie sich überhaupt noch verschließen ließ.

Drinnen war es ziemlich dunkel, zuerst konnte Ella kaum etwas erkennen, außer hölzernen Balken, einem großen Tisch, einigen Stühlen und einer Holzbank. Als sich ihre Augen auf das Dämmerlicht eingestellt hatten, erblickte sie Georgs Rucksack und den großen Plastiksack auf der Bank. Langsam trat sie näher. Sie wollte gerade den Sack schnappen, um ihn ein wenig zu untersuchen, als ihr Blick auf einen Gegenstand fiel, der anscheinend auf den Boden gerutscht war.

Ella bückte sich und wollte ihn schon aufheben, als sie zurückschreckte. Es war eine kleine Puppe aus Stoff, in der drei Nadeln steckten. Eine Erinnerung durchzuckte Ella. Wieder sah sie das unheimliche Bild aus dem Buch in der Bibliothek vor sich. Die Puppe ähnelte ihm sehr, besonders die Nadeln darin, aber etwas war anders. Das Gesicht war bemalt worden und wirkte dadurch grotesk. Ein schwarzer Schnurrbart und schwarze Striche auf dem Kopf ließen die kleine Puppe aussehen wie ein düster blickender Mann. Eine Nadel steckte genau in der Brust, wo ein rotes Herz aufgemalt war.

Plötzlich knackte es laut. Ella fuhr herum, als säße ihr der Teufel im Nacken. Ohne sich genauer umzusehen, flüchtete sie zur Tür, riss sie auf und rannte auf die Trauerweiden zu. Im Schutz der Bäume wurde sie langsamer und holte tief Luft, bevor sie zurück blickte. Nichts rührte sich ringsum, keiner trat aus dem Haus oder schaute aus dem Fenster. Vielleicht hat ja nur das Gebälk geknackt, dachte Ella, aber bei dem Gedanken daran lief ihr trotzdem noch ein Schauder über den Rücken. Sie schaute auf ihre Uhr und bekam einen Schreck. Wenn sie den Bus noch erwischen wollte, musste sie sich sputen. Hastig kämpfte sie sich durch die Weidenzweige zurück auf den Feldweg. Dann begann sie zu rennen. Sie dachte gar nicht mehr daran, dass Georg ihr entgegen kommen könnte, sie wollte nur noch weg.

Ella erreichte schnaufend das Ende des Feldweges, als der Bus bereits mit laufendem Motor im Ausgang des Wendekreises stand. Sie ruderte wie wild mit den Armen, um den Fahrer auf sich aufmerksam zu machen. Er hatte die Tür vorne noch geöffnet und grinste 5 sie breit an.

„Hereinspaziert, Fräuleinchen, das war ja man knapp. Willst du schon wieder zurückfahren?"

Ella nickte ihm zum Dank, dass er gewartet hatte, kurz zu. Das war aber das Äußerste, was sie an 10 Aufmerksamkeit aufbringen konnte. Sie ließ sich auf einen Sitz fallen und lehnte den Kopf zurück. Ihre Kleidung war klitschnass geschwitzt und hinter der Stirn summte es wie ein Bienenschwarm. Wo war Georg nur hingefahren und was wollte er in dieser 15 Hütte? Ella schaute aus dem Fenster, ob sie ihn vielleicht irgendwo entdecken könnte. Aber die Straße und Fußwege waren wie ausgestorben. Im Bus saßen außer ihr nur zwei ältere Frauen, mit großen geflochtenen Einkaufskörben neben sich. Wieder sah Ella 20 die unheimliche Puppe vor sich. Ich muss dieses Buch noch mal in die Finger kriegen, dachte sie, Mama kann mir vielleicht dabei helfen. Ich muss ja nicht unbedingt von Georg erzählen. Allerdings hatte sie dabei ein ungutes Gefühl, denn sie spürte, dass er vielleicht 25 Hilfe nötig hatte, aber solange sie nichts Genaueres wusste, mochte sie ihre Spioniererei nicht zugeben.

Marlene spricht über Geister

Müde und furchtbar hungrig kam Ella zu Hause an. Es war niemand da. Auf dem Küchentisch lag ein Zettel ihrer Mutter, der ihr mitteilte, dass sie mit Eva, Julia und deren Mama im Schwimmbad sei. Sie
5 werde etwa um vier Uhr in der Bibliothek sein, falls Ella kommen wolle? Außerdem stand eine Schüssel Kartoffelsalat mit Wiener Würstchen auf dem Tisch, über die sich Ella gierig hermachte. Gleichzeitig war sie ungeduldig, weil sie ihre Erlebnisse so schnell wie
10 möglich Max erzählen wollte. Doch dort meldete sich niemand am Telefon.

Nachdem sie einigermaßen satt war, zog Ella ihre verschwitzten und staubigen Sachen aus und ging unter die Dusche. Sie ließ sich das kalte Wasser sehr
15 lange über den Kopf laufen und dachte dabei nach. Der Anblick der Puppe hatte noch eine weitere Erinnerung, außer der an die Abbildung in dem Buch, in ihr geweckt. ‚Puppen mit Nadeln ... Puppen mit Nadeln'. Es war die Stimme ihrer Mutter, wann hatte sie
20 das nur gehört?

Mit geschlossenen Augen stand Ella unter dem kalten Wasserstrahl und versuchte angestrengt die Situation wieder heraufzubeschwören, während der sie diese Worte ihrer Mutter gehört hatte. Plötzlich
25 öffnete sie die Augen und rief laut, „Genau, da war's", stellte das Wasser ab und sprang aus der Dusche.

Sie wusste wieder, wann sie diese Worte gehört hatte, und erinnerte sich auch wieder an ihren Zusam-

menhang. Es war erst gestern gewesen, gestern Nachmittag, als sie ungeduldig wartete, endlich das Haus
verlassen zu können, und ihre Mutter endlos telefonierte. Sie hatte am Anfang nicht zugehört, weil sie
vom Esszimmer aus zu wenig verstehen konnte. Aber 5
als sie ihrer Mutter dann den vorbereiteten Zettel in
die Hand drücken wollte, da hatte sie einen Teil mitbekommen, aber nicht weiter darauf geachtet, weil sie
sich nicht dafür interessierte. Von einem Mann hatte
sie gesprochen, der sich isolierte und ‚den Spieß um- 10
drehte'. Da hatte sie die ‚Puppen mit Nadeln' erwähnt
und einen Wissenschaftler aus Brasilien, der Vorträge
hielt.

Während Ella sich hastig abtrocknete, dachte sie
an Georg und wie merkwürdig diese Zusammenhän- 15
ge waren. Sie zog sich schnell um und lief noch einmal zum Telefon, aber Max meldete sich wieder nicht.
Vor innerer Unruhe konnte sie es im Haus nicht mehr
aushalten, aber sie wollte auch nicht ins Schwimmbad gehen. Sie fühlte sich jetzt nicht in der richtigen 20
Verfassung, mit Eva und Julia unbefangen herumzualbern. Wo trieb sich nur Max herum, hatte ihm etwa
der Vormittag zum Baden nicht gereicht? Ella platzte
fast vor lauter Mitteilungsdrang, doch außer Max fiel
ihr niemand ein, mit dem sie diese Angelegenheit 25
hätte besprechen können.

Dafür drängte sich plötzlich Marie in ihre Gedanken und mit schlechtem Gewissen fiel ihr ein, dass
sie ihr versprochen hatte, sie anzurufen. Sie nagte
an ihrer Unterlippe und überlegte, was sie ihr sagen 30

könnte. Lange meldete sich niemand und Ella wollte schon feige auflegen, als Maries Vater seinen Namen nannte.

„Ella, wie schön dich zu hören. Marie hat auch ver-
⁵ sucht, dich zu erreichen. Sie ist mit ihrer Mutter zu ihrer Oma gefahren. Dort müssen Kirschen geerntet werden. Komm doch mal wieder zu uns, dann bekommst du auch welche."

Ella bedankte sich artig für das Angebot, ließ Marie
¹⁰ grüßen und legte den Hörer erleichtert auf. Sie hatte Marie sehr gern, aber oft störte es sie doch, dass man ihr das durch regelmäßige Aufmerksamkeit immer beweisen musste. Sie schaute auf ihre Uhr. Es war schon fast drei, wenn sie sich schon jetzt auf den Weg zur
¹⁵ Bibliothek machte, wäre ihre Mutter zwar noch nicht da, aber sie hätte Zeit, sich schon mal allein nach dem Buch umzusehen.

Draußen umgab sie die Hitze wie ein warmer Nebel. Sie ging den langen Weg, den sie gestern mit
²⁰ Max zusammen hinter Georg hergelaufen war, denn vom Busfahren hatte sie vorerst genug. In der Bibliothek war es angenehm kühl. Nachdem sie der Frau im Eingangsbereich gesagt hatte, dass sie mit ihrer Mutter hier verabredet sei, verdrückte sich Ella schnell
²⁵ zwischen den hohen Regalen. An den kleinen Tischen saßen noch weniger Besucher als gestern, vielleicht waren sie ja alle im Schwimmbad, dachte Ella, der das nur recht war. Während sie an den Regalen entlang irrte, sah sie auf die Bücherrücken, konnte aber

das gesuchte Buch nicht entdecken. Sie erinnerte sich auch nicht mehr genau an die Stelle, an der sie Georg hatten sitzen sehen. So beschloss sie, alle Tische zu überprüfen. Vielleicht war das Buch ja seit gestern noch nicht weggeräumt worden. Wie hatte nur noch mal der Titel gelautet? Irgendwas mit Zauber in Gegenwart und Zukunft, seltsam genug, dass es hier so etwas gab.

Systematisch ging sie alle freien Tische ab, aber es lag nirgends ein Buch darauf. Enttäuscht setzte sie sich an einen Tisch in der Nähe eines Fensters und wartete auf ihre Mutter. Sie würde sie einfach fragen, schließlich konnte sie das Telefongespräch, das sie mitbekommen hatte, als Anknüpfungspunkt verwenden. Es war sogar wahrscheinlich, dass ihre Mutter genau zu diesem Thema etwas recherchieren wollte, fiel Ella plötzlich ein. Ungeduldig sprang sie auf und ging in Richtung des Eingangs, um ihre Mutter ja nicht zu übersehen. Sie hatte das Gefühl, nicht eine Minute länger warten zu können. Genau in diesem Augenblick kam Marlene ihr zwischen zwei Bücherregalen entgegen.

Nach ihrer Begrüßung und dem Beantworten so wichtiger Fragen wie „Hast du auch gegessen, warum bist du erst so spät gekommen, hast du die Hausaufgaben schon gemacht", konnte Ella endlich selbst loslegen. Ihre Mutter hörte sich die Fragen nach ihrem Telefonat mit erhobenen Augenbrauen an.

„Seit wann interessierst du dich für meine Berichte?", fragte sie misstrauisch.

Doch bevor Ella noch über eine gute Antwort nachdenken konnte, begann sie bereits zu erzählen. Wie sie zu einer Vortragsreihe gegangen sei, sie das Thema für so fesselnd gehalten habe, dass sie darüber schreiben wolle und sich nun ein wenig darauf vorbereite.

„Leider konnte ich den Professor gestern und auch heute nicht erreichen, um mit ihm ein Interview zu führen. Das möchte ich aber unbedingt, denn Hermann Grillo ist ein wirklicher Fachmann auf diesem Gebiet. Und er kennt unheimlich viele Geschichten dazu. Das macht das Ganze so spannend."

Ella stutzte bei dem Namen, den hatte sie doch auch schon gehört. Na klar, vor Georgs Haustür, der Paketbote wollte dort ein Paket für Hermann Grillo abgeben. Sie konnte ihre Aufregung kaum beherrschen.

„Was hat das denn nun mit den Puppen und den Nadeln auf sich, die du erwähnt hast?", fragte sie ungeduldig.

„Das ist ein Voodoo-Brauch. Man stellt eine Puppe her, die wie jemand aussieht, mit dem man verfeindet ist. Die Nadeln sollen ihm Schmerz zufügen."

Marlene seufzte.

„Ich glaube aber eher, dass man sich auf diese Weise nur weit besser abreagieren kann, wenn man auf jemanden wütend ist, als ihn direkt anzugreifen. Außerdem ist das ein eher neuer Brauch, der unter den Sklaven im Süden der USA und Südamerikas aufkam und nichts mit dem uralten Voodoo-Glauben aus Afrika zu tun hat, der mehr auf die Heilung von Menschen gerichtet ist."

Und dann hielt Marlene einen langen Vortrag, von dem Ella nur behielt, dass Voodoo so viel wie Geist oder Gottheit bedeutet und dass es für die Anhänger ₅ dieser Religion keine strenge Trennung zwischen Leben und Tod gibt. Mit bestimmten Ritualen, bei denen die Priester in Trance fallen, werden die Geister der Verstorbenen gerufen, von denen man glaubt, dass sie stets anwesend seien. Ella bekam bei dem Ge- ₁₀ danken eine Gänsehaut.

Trance
dem Schlaf ähn-
licher Dämmer-
zustand

Ihre Mutter bemerkte Ellas Unbehagen und sagte darauf nur: „So fremd ist uns dieser Gedanke gar nicht. Weißt du noch, wie wir uns, als Tante Emma gestorben ist, damit getröstet haben, dass sie sicher ₁₅ immer bei uns ist und mitverfolgt, wie es uns geht?"

Ella nickte stumm, es war ihr aber trotzdem plötzlich kalt geworden, denn sie dachte wieder an die unheimliche Puppe in dem alten Haus.

Treffpunkt Eisdiele

Es war doch keine gute Idee gewesen, sich im Eiscafé zu verabreden, dachte Max schlecht gelaunt. Schlimm genug, dass draußen natürlich jeder Platz bereits besetzt war und hinter den großen Glasscheiben eine drückend schwüle und verbrauchte Luft das Atmen erschwerte, schlimmer war die Anwesenheit von unzähligen neugierigen und lärmenden Mitschülern. Wenigstens war Malte nicht hier – noch nicht.

Max schaute sich verärgert nach Ella um. Er hatte sie am Nachmittag mehrmals angerufen, aber niemand meldete sich. Und dann, schon kurz vor sechs, rief sie an und bestellte ihn hierher, weil sie ihm etwas *ganz* Dringendes über Georg erzählen müsse, und schwups, schon hatte sie wieder aufgelegt. Georg! *So* dringend konnte das gar nicht sein. Sie hatte noch nicht einmal gefragt, was *er* bisher alles herausgefunden hatte. Nee, das fiel ihr natürlich nicht ein. Und jetzt kam sie nicht. Wäre ja auch ein Wunder, wenn sie einmal pünktlich wäre.

Er rührte in seinem schon halb geschmolzenen Eis herum und dachte an den Einbrecher. Wenn der nun heute Nacht bei der Lauterstein einsteigt und sie umbringt? Vielleicht sollte er doch seine Beobachtungen der Polizei mitteilen? Aber die wollten sicher alles ganz genau wissen, von Anfang an. Und dann würde Frau Lauterstein natürlich davon erfahren und sich fragen, woher Max das alles wusste. Oh Mensch, das gab bloß Ärger! Max seufzte ratlos.

Plötzlich wackelte der kleine Tisch und Ella saß vor ihm, ihre Halsketten baumelten noch hin und her. Sie lehnte sich weit über den Tisch und sagte, „Komm, lass uns rausgehen, hier wird man ja zu Dörrobst!" und schon stand sie vor ihm und machte eine auffordernde Handbewegung.

Das war etwas, was Max absolut nicht ausstehen konnte. Was bildete sie sich nur ein! Außerdem hatte sie das Café selbst vorgeschlagen. Aber Ella war bereits gegangen und wenn er ihr nachdrücklich seine Meinung über ihr Verhalten beibringen wollte, musste er notgedrungen tun, was sie gesagt hatte.

Er folgte ihr also nach draußen. Sie lief schon vorneweg und drehte sich erst um, als sie um die Ecke in eine ruhigere Straße eingebogen waren.

„Hey, verdammt, was soll das. Bist du jetzt ganz übergeschnappt?"

Max musste Luft holen, und in der Pause zog Ella ein Buch aus ihrer Tasche und hielt es ihm aufgeschlagen vor die Nase. Die Stelle war mit einem gelben Klebezettel markiert. Max erkannte das Buch aus der Bibliothek und auch die Abbildung, die Georg in die Flucht geschlagen hatte. Auf dem gelben Zettel stand ein Name.

„Hermann Grillo, – wer ist das?", fragte er.

Ella zog ihn zu einer kleinen Mauer.

„Der wohnt bei Georg und hält Vorträge über Voodoo-Zauber und kommt aus Brasilien und seinetwegen ist Georg bestimmt so verändert und hat sich jetzt auf dem Land in einer Hütte versteckt und versucht vielleicht einen Gegenzauber, denn er hat so eine Puppe bei sich, die aussieht wie Grillo!"

Sie holte tief Luft. Max sah sie nur fassungslos an.

"*Was* für ein Zauber?"

Es dauerte eine Weile, bis sie ihre Erlebnisse entknotet und fein säuberlich voreinander ausgebreitet hatten. Als alles erzählt war, schwiegen beide eine Weile und hingen ihren eigenen Gedanken nach. Sie waren vom Lauf der Ereignisse verwirrt und wussten nicht, worum sie sich zuerst kümmern sollten.

"Und wenn du bei der Polizei anrufst und deinen Namen nicht nennst?", sagte Ella unvermittelt, als hätte Max sie gerade eben danach gefragt.

"Na, da werden sie auch sofort losdüsen und den Kerl verhaften, was? Ich weiß ja nicht mal seinen Namen." Max reagierte aus lauter Ratlosigkeit besonders unwirsch. Aber Ella kümmerte das nicht.

"Die Polizei muss, glaube ich, jedem Hinweis, den sie bekommt, nachgehen, das habe ich jedenfalls von meiner Mutter mal so gehört. Außerdem kannst du es doch versuchen, was soll dir dabei denn passieren?"

Max stierte düster auf seine Füße. Er fühlte sich unwohl. Seine Beobachtungen hatten ihn in eine Situation gebracht, in der er nicht mehr bloßer Beobachter bleiben konnte. Nun musste er handeln und dabei fremde Menschen einweihen und das hatte er weder vorausgesehen noch beabsichtigt.

"Was machen wir mit Georg?", fragte Ella jetzt auch noch.

"Verdammt, was sollen wir schon mit ihm machen?

Wenn er lieber in einer Hütte haust, statt mit dieser
Grille zu Hause, dann ist das doch seine Sache. Oder

Humbug
unsinnige Hand-
lung, Schwindel

glaubst du etwa an diesen Humbug? Meinst du, der
Typ fällt plötzlich um, weil Georg mit 'ner Nadel in
einer Puppe herumpiekt?"   5

Max sprang wütend von der Mauer.

„Ich muss jetzt nach Hause."

Ohne sich noch nach Ella umzusehen, lief er schon
los, seine Fäuste hatte er tief in den Hosentaschen
vergraben.   10

„Warte doch", rief Ella ihm zu, während sie ihm
auch schon nacheilte. Als sie Max eingeholt hatte, zog
sie ihn am Arm, um ihn zum Stehen zu bringen. Aber
er riss sich los und lief noch schneller weiter.

„So einfach ist das nicht, Max", rief Ella ihm   15
verzweifelt hinterher. Erst jetzt merkte sie selbst, in
welch schwieriger Lage sie steckten.

„Er hat fürchterliche Angst, verstehst du nicht, das
muss doch einen Grund haben. Wir *müssen* ihm helfen, weil nur *wir* davon wissen, nur *wir*. Verstehst du   20
das denn nicht?"

Aber Max drehte sich nicht mehr um.

Stockdunkel

Es war stockdunkel im Raum und so still, dass man nichts anderes hörte als das Rauschen in den eigenen Ohren. Nirgends in der Stadt konnte es in einem Zimmer so dunkel sein wie hier. Obwohl die Nacht ster-
5 nenklar war, gelangte kein Lichtstrahl durch das dichte Blätterwerk der großen Buche, um durch das kleine schmutzige Fenster zu leuchten.

Georg saß ganz still da und blickte in die Dunkelheit. Er konnte sie nicht erkennen, aber er sah sie doch
10 vor sich – die Puppe mit den Nadeln in ihrem Körper, wie sie auf *seinem* Lieblingspullover gebettet dagelegen hatte, in Grillos Arbeitszimmer. Auch die Worte hörte er noch, „Wenn wir *zwei* erst in Brasilien sind", wir zwei! Und später dann „Der Junge kann das nicht
15 schaffen, er wird krank dabei". Er hatte zwar seinen Lieblingspullover und die anderen sehr persönlichen Dinge mitgenommen und die Puppe verwandelt. Er hatte sich Grillos unmittelbarem Einfluss entzogen, aber ob das ausreichte?
20 Georg fühlte, wie ein stahlharter Ring seine Brust einschnürte und er kaum noch Luft bekam. Seine Hände tasteten zitternd nach den Streichhölzern. Er hatte nur diese eine Kerze eingesteckt, weil er glaubte, hier draußen endlich schlafen zu können und
25 kein Licht zu brauchen, aber er hatte sich getäuscht. Es war vielleicht falsch, hierher zu kommen, aber wohin hätte er sonst gehen können?

In letzter Minute

In dieser Nacht schlief Max sehr schlecht und das lag nicht am hellen Mondlicht, das durch sein Fenster schien. Seine Gedanken kreisten pausenlos um den Einbrecher und die ganze Zeit hörte er Ellas Stimme, „Weil nur *wir* davon wissen, nur *wir*, nur *wir*, nur *wir*". 5

Nein, er konnte nicht so tun, als wäre nichts geschehen, aber *was* sollte er tun? Zur Lauterstein gehen und ihr alles erzählen? Er konnte sie nicht leiden; alles, was sie interessierte, war doch nur, Schüler bei Fehlern zu ertappen und bestrafen zu können. So 10 wie vor zwei Monaten, als er während einer Englisch-Klassenarbeit einmal – nur einmal! – bei Paul abgeschrieben hatte. Sie hatte ihn vor den anderen richtig gemein runtergeputzt, als hätte er betrogen. Dafür hatte er aber später ihre Autoschlüssel versteckt, die 15 ganz am Rand ihres Tisches gelegen hatten. Anscheinend hatte sie sehr lange gebraucht, bis sie die Schlüssel wieder fand und nach Hause fahren konnte.

Sie hatte sich danach ewig darüber aufgeregt. Kam sie halt etwas später zu ihrem Mittagessen, na 20 und? Noch nie hatte sie mal etwas über sich erzählt oder einen Scherz gemacht, nur der Lehrplan, den sie immer erwähnte, war ihr wichtig. Dass man auch mal Spaß haben wollte, war für sie ein Fremdwort. Nein, niemals könnte er mit ihr reden. 25

Irgendwann war Max dann doch in einen unruhigen Schlaf gefallen. Er träumte, dass er von einem fremden Mann durch unzählige Straßen gejagt wurde,

er rannte und rannte bis er glaubte, gleich zusammen-
brechen zu müssen, doch er rannte trotzdem immer
weiter, als ihm plötzlich der Kerl aus der anderen
Richtung entgegenkam und Max mit Schrecken fest-
stellte, dass der Fremde aussah wie Georg.

Er war mit einem Ruck hellwach. Sein Herz
trommelte schmerzhaft und das Bettzeug war nass
von seinem Schweiß. Es war noch nicht richtig hell
draußen, aber schon jetzt war die Luft stickig heiß.
Max setzte sich auf. Er würde die Polizei informieren,
aber anonym, wie Ella vorgeschlagen hatte. Er konnte ja beschreiben, welche Garage dem Mann gehörte,
dann konnten sie sicher ermitteln, wer er war. Es
würde vielleicht schon genügen, dass die Polizei käme
und Fragen stellte, damit der Kerl seine Pläne aufgab.

Als Max die Schule betrat, ging Malte an ihm vorbei, grinste ihn an und zwinkerte verschwörerisch. Er
hatte Tom im Schlepptau. Aha, also hatte er Anhang
gefunden. Na, ihm war es egal. Er hatte ganz andere
Dinge im Kopf als eine dämliche Wasserbombe. Er
hatte gleich heut morgen die Polizei anrufen wollen,
aber von zu Haus ging das natürlich nicht. Die Telefonzelle auf seinem Weg war besetzt und er wollte
lieber nicht zu spät kommen. Vielleicht konnte er in
der großen Pause verschwinden oder es gab wieder
Hitzefrei, sogar sehr wahrscheinlich bei dieser extre-
men Temperatur.

Als Max um die Ecke bog, sah er Frau Lauterstein
und Picasso hinten im Gang stehen und sich lebhaft

unterhalten. Sie lachte sogar, was selten vorkam, also war noch nichts Ernsthaftes passiert, der Anruf hatte noch etwas Zeit.

Während der beiden ersten Unterrichtsstunden fühlte Max sich wie unter Wasser, von seiner Umge- bung merkwürdig abgetrennt. Er war erleichtert, als es endlich Hitzefrei gab und er gehen konnte. Am Eingang stand allerdings schon Ella, um ihn abzufangen. Es war unmöglich, sie abzuschütteln. Sie heftete sich wie eine Klette an seine Fersen und redete auf ihn ein.

„Georg war nicht da, er ist nicht in die Schule gekommen. Wir müssen zu ihm fahren. Max, hast du gehört?"

Max blieb stehen. „Ich werde die Polizei anrufen", sagte er seltsam abwesend.

Sofort ergriff Ella ihre Chance.

„Gut, sehr gut, ich komme mit und dann fahren wir zu Georg raus. Vielleicht ist ja was passiert. Außerdem will ich wissen, wofür er diese Puppe hat."

Sie packte Max am Arm, ihre Augen glänzten vor Aufregung. Er kapitulierte. Sie liefen zur nächsten Telefonzelle, in der die glutheiße Luft stand wie in einer Sauna. Trotzdem zogen sie die Tür hinter sich zu, obwohl im Moment niemand in der Nähe war, der Zeuge dieses Gesprächs werden konnte.

Es war eine lange eintönige Fahrt. Zu Anfang hatten sie noch darüber gesprochen, wie unhöflich der Polizist gewesen war, der glaubte, es mit einem Dummejungenstreich zu tun zu haben, dann aber doch etwas Interesse zeigte.

kapitulieren
aufgeben, nach-
geben

Je länger die Fahrt dauerte, desto schweigsamer wurden sie. Die Luft im Bus konnte man schneiden. Am liebsten hätte Max die Augen geschlossen und geschlafen, aber er fürchtete, dann wieder von dem Einbrecher zu träumen. Ella dagegen war aufgedreht. Sie hätte sich gern mit Max über das Buch aus der Bibliothek unterhalten, spürte aber, dass er jetzt dazu nicht bereit war.

Sie schaute aus dem Fenster und stellte erstaunt fest, dass die Sonne gar nicht mehr schien. Es hatten sich immer mehr Wolken über den Himmel geschoben, der nun graugrün wirkte. Vielleicht liegt das an den schmutzigen Fensterscheiben, dachte Ella. Sie drehte sich um und schaute aus dem Rückfenster. Dort hinten schien noch die Sonne, aber vor ihnen war der Himmel grau und es wurde zunehmend dunkler. Kurz bevor sie in das Dorf einfuhren, wo der Bus seine Endstation hatte, blitzte es plötzlich. Sie warteten auf den unvermeidlichen Donner, doch der kam nicht.

Als der Bus anhielt, stiegen beide schnell aus, blieben dann aber ratlos stehen und sahen in den Himmel hinauf. Ella kam es vor, als läge ein Unheil verkündendes, gelbes Leuchten zwischen den grauen Wolken.

„Komm, lass uns schnell zu der Hütte gehen, ehe es zu regnen beginnt", sagte Max. „Wo müssen wir denn lang?"

Ella zeigte zum Feldweg hinüber und sie liefen los. Es war sehr still. Kein Blatt bewegte sich, kein Vogel war zu hören und auch die Grillen schwiegen, die letztes Mal ein Wahnsinnskonzert veranstaltet hatten. Die Hitze schien regelrecht aus dem trockenen Boden aufzusteigen, der bei ihren Tritten so stark staubte wie eine undichte Tüte Mehl. Ihre Blicke glitten prüfend über den düsteren Himmel, der immer tiefer herabsank.

„Warum hat es nur vorhin nicht gedonnert?", fragte Ella.

Genau in diesem Augenblick krachte es direkt über ihren Köpfen. Sie zuckten zusammen und duckten sich unwillkürlich. Leicht betäubt schüttelte Ella ihren Kopf. Wind war plötzlich aus dem Nichts aufgekommen und zerrte an den Büschen und an ihren Haaren, er wirbelte den Staub auf und wehte die trockenen Blätter und Äste durch die Luft. Mit einem Mal war alles verwandelt. Es war nicht länger still. Die trockenen Blätter und Gräser rauschten so laut, als befänden sie sich am stürmischen Meer, der Wind pfiff und es knackte in den Bäumen.

Max spuckte den Sand aus, den der Wind ihm in den Mund geweht hatte. Da packte Ella ihn heftig am Arm.

„Sieh nur, dort hinten, siehst du das Leuchten?"

Sie zeigte mit dem anderen Arm zum Horizont. Dort hatte der graue Himmel eine orangefarbene Tönung angenommen.

„Da brennt es", rief Max.

Sie sahen sich entsetzt an und dachten beide das Gleiche.

„Es brennt bei Georg!"

Ella rannte als Erste los. Wieder donnerte es in ohrenbetäubender Lautstärke über ihren Köpfen und schien nun gar nicht mehr aufzuhören. Jetzt sahen sie auch die Blitze, die vor ihnen im grauen Himmel aufzuckten, einer nach dem anderen, in schneller Folge. Beide Freunde waren so aufgeregt und so sehr damit beschäftigt, sich zu beeilen, dass sie nicht einmal bemerkten, wie der plötzlich einsetzende heftige Regen sie durchnässte.

Ella verpasste zuerst den kleinen Pfad zwischen den Bäumen und lief ein kurzes Stück daran vorbei. Er war bei dem Dämmerungslicht und dem dichten Regen nicht gut zu erkennen. Dann aber bemerkte sie ihren Irrtum und drehte hastig um, Max war ihr unmittelbar auf den Fersen. Sie schlugen sich durch die nassen Äste der Weide und da stieg ihnen auch schon der Rauch in die Nase. Als sie die letzten Zweige zur Seite wischten, blieben sie vor Entsetzen wie angewurzelt stehen.

Der Anblick, der sich ihnen bot, war schrecklich, aber er war gleichzeitig auch entsetzlich schön. Sie konnten sich einen kurzen Moment nicht fortreißen und schauten wie gebannt auf die in Flammen stehende Buche. Die brennenden Äste reckten sich wie flehende Arme dem Himmel entgegen. Die Hütte darunter schien sich zu ducken, dann erkannten sie, dass es so wirkte, weil ein brennender Ast auf das Dach gefallen war und einen Teil davon zum Einsturz gebracht hatte.

„Georg!"

Ella schrie und rannte gleichzeitig über die Wiese auf das Haus zu. Max versuchte sie noch zu packen, aber sie war schon voran.

„Neeein, Ella, bleib' hier, das ist zu gefährlich!"

Aber seine Worte gingen im Geprassel des Feuers und des Regens unter. Er sah, wie Ella unter den brennenden Zweigen hindurch zur Haustür lief. Noch brannte die Hütte nicht, jedenfalls nicht außen. Der rechtzeitig einsetzende Regen hatte bis jetzt verhindert, dass sie sofort in Flammen aufging, aber es konnte nicht mehr lange dauern.

Max konnte nicht länger zusehen, er raste ebenfalls geduckt über die Wiese und unter den knisternden Ästen hindurch. Sofort schlug ihm die Hitze entgegen und nahm ihm fast den Atem. Er stolperte durch die Tür. Es war dunkel, aber hinten an der Wand war es hell, sehr hell. Ein brennender Ast lag quer im Raum, darüber sah er durch ein großes Loch in der Decke die brennenden Buchenäste lodern.

Verdammt, was sollen wir nur tun? Da erblickte er Ella, wie sie versuchte, den Tisch über den Baumast zu ziehen. Er stürzte auf sie zu und half ihr. Ella rutschte auf die andere Seite und fand Georg, der zwischen dem Bett und einem Stück des herabgefallenen Daches eingeklemmt am Boden lag. Er schien bewusstlos zu sein. Sie gab ihm zwei kräftige Ohrfeigen, bis sie merkte, dass er zu sich kam. Sie versuchte, ihn unter den Achseln zu packen und hervorzuziehen, doch er war zu schwer.

Ella bekam kaum Luft. Oh nein, ich muss hier raus, dachte sie, komm doch, Georg.

Sie trat energisch gegen das Dachstück, das ihn einklemmte, und in dem Moment konnte Georg sein Bein darunter hervorziehen. Er rappelte sich auf und kroch mit der Hilfe von Ella und Max über die Tischplatte. Er bekam einen Hustenanfall, in den auch die beiden anderen jetzt einfielen.

Rings um den brennenden Ast war das Feuer weiter gekrochen. Die zwei Stühle, die in der Nähe standen, hatten bereits Feuer gefangen und brannten lichterloh. Die drei Kinder stolperten hustend zur Tür. In dem Augenblick ging der Tisch in Flammen auf.

Unter einem prasselnden Funkenregen flohen sie zu den Weiden und ließen sich auf das nasse Gras fallen. Sie japsten nach Luft. Ruß hatte ihre Gesichter und Kleider geschwärzt und der Regen ließ ihn jetzt als schwarze Tusche über ihre Haut laufen. Ella zeigte mit ausgestrecktem Finger auf die beiden Jungs und begann zu lachen. Sie kreischte vor Lachen, hielt sich den Bauch dabei, zeigte immer wieder auf ihre Gefährten und lachte und lachte. Sie konnte einfach nicht mehr aufhören. Auch Max und Georg stimmten gleich in ihr Gelächter ein.

Ella lachte, obwohl ihr schon alles wehtat, bis sie ganz plötzlich weinte. Fast hätte man den Unterschied nicht bemerkt. Max schwieg mit einem Ruck, auch er spürte, wie ihm ein riesengroßer Kloß im Hals saß. Eben noch hatte er sich über Ella gewundert und nun liefen ihm plötzlich auch Tränen über das Gesicht –

oder war es vielleicht doch nur der Regen? Eins war jedenfalls sicher, sie waren alle drei vollkommen durcheinander. Ella zitterte wie Espenlaub, dabei hatte der
Regen kaum Abkühlung gebracht, er war warm, und
ringsum dampfte es wie in einer Waschküche. Ihre
Körper reagierten erst jetzt mit diesen Gefühlsaus-
brüchen auf die Anspannung. Wie gut! Sonst hätten
sie es sicher nicht geschafft, mit Georg aus diesem In-
ferno wieder herauszukommen.

Sie blickten auf die Hütte, die jetzt wie eine Fackel
brannte. Gerade stürzte das restliche Dach krachend
zusammen.

Plötzlich fragte Georg: „Wo kommt ihr eigentlich
her?"

Ella und Max sahen sich an und mussten nun doch
wieder lachen. Mit klappernden Zähnen erklärte Ella
das Wesentliche.

„Wir haben dich beobachtet, weil du so verändert
warst, und sind dir gefolgt. Wir wollten wissen, was
mit dir los ist."

Sie sah Georg vorsichtig an und sagte nach einer
Pause leise: „Wir wollen dir helfen".

Georg schaute in die Flammen und schwieg. Als sie
schon glaubten, er wolle ihnen nichts erzählen, hörten
sie ihn sagen „Vielleicht ist er jetzt tot."

Die beiden anderen rissen ihre Augen auf. „Wer?
War noch jemand da drinnen?", fragte Max ungläubig.

Aber Ella begriff mit einem Mal, was Georg meinte. Sie sah wieder die groteske Puppe im Dämmerlicht auf dem Hüttenboden liegen, die aussehen sollte

wie Hermann Grillo. Ob er wohl gerade ein ähnliches Schicksal erlitten hatte?

Was hat der Professor vor?

Der Regen hatte aufgehört. Überall breiteten sich große Pfützen aus, die den dreien den Rückweg erschwerten. Die Vögel trällerten so laut, als hätten sie schon seit Wochen genau auf diesen Augenblick dazu gewartet.

Natürlich war der Bus schon weg, aber Georg kannte ein kleines Cafe im Dorf, zu dem er sie jetzt führte. Einer nach dem anderen verschwand zunächst, um auf der Toilette die Spuren der Rettungsaktion so gut es ging zu beseitigen. Dann aber machten sie sich mit einem wahren Heißhunger über die bestellten Kuchen und Getränke her, als hätten sie tagelang nichts zu essen bekommen. Es stellte sich heraus, dass Georg sich im Dorf ganz gut auskannte, weil sein Großvater hier gelebt hatte. Er war vor einem Jahr gestorben, und ihm hatte das Häuschen auf dem Feld gehört, um das sich dann allerdings niemand mehr gekümmert hatte. Nur Georg hatte es nicht vergessen.

Ella erzählte noch einmal genauer, wie sie ihm gefolgt waren und berichtete auch, was ihre Mutter ihr über Hermann Grillo und über Voodoo mitgeteilt hatte. Als Georg den verhassten Namen hörte, warf er die Kuchengabel auf den Teller, so dass es laut klirrte.

„Der will, dass meine Mutter zu ihm nach Brasilien zieht und ich soll auf ein Internat gehen, aber eigentlich soll ich ganz verschwinden und das versucht er mit seinen Hexereien schon seit einiger Zeit. Aber ich bin ihm auf die Schliche gekommen. Von wegen *wissenschaftliche* Arbeit! Dass ich nicht lache!"

Georg konnte sich gar nicht mehr beruhigen und sprudelte über vor Mitteilungsdrang. Zu lange hatte er alles für sich behalten, weil er glaubte, mit niemandem darüber reden zu können. Er fürchtete sich vor dem neuen Freund seiner Mutter und traute ihm nicht über den Weg, dabei konnte er ihm aber nie irgendwelche greifbaren Vorwürfe machen, die seine Mutter oder ihre Freunde, die von dem Professor hingerissen waren, verstanden hätten. Trotzdem war Georg durch hundert kleine Begebenheiten überzeugt, dass sein Leben durch Grillo in Gefahr war.

Er erzählte, wie er auf die Puppe gestoßen war und was er durch Zufall alles belauscht hatte, viele Einzelheiten, die Ella überzeugten, dass Georg sicher recht hatte. Max dagegen hatte immer noch Schwierigkeiten, sich die Wirksamkeit dieses Voodoo-Zaubers vorstellen zu können.

„Warum hast du eigentlich deine Jacke im Baum am Schulparkplatz versteckt?"

Ella sah Georg erwartungsvoll an, denn sie hatte gestern Abend lange darüber nachgedacht, sich aber keinen Reim darauf machen können.

„Meine Jacke? Ach, das hast du auch gesehen? Na ja, ich wollte nicht, dass Grillo die Spuren bis zu meinem Versteck zurückverfolgen kann. Das geht nämlich, hab ich gelesen. Deshalb wollte ich etwas sehr Persönliches, das ich am Körper getragen habe, zurücklassen. So hätte er mich nur bis zum Schulparkplatz aufspüren können. Ich habe über so eine Suche in einem Buch gelesen, das aufgeschlagen in seinem Arbeitszimmer lag."

Ella staunte. „Das würde ich auch gern können.
5 Vielleicht darf ich das Buch mal lesen? Wann kommt denn die Grille wieder zurück?"

Georg musste über diesen Spitznamen lächeln, machte aber gleich wieder ein düsteres Gesicht.

„Heute, spät abends, ich weiß nicht genau wann."
10 Schweigend tranken sie ihre Gläser leer und bemerkten dann, dass es schon Zeit war, zur Bushaltestelle zu gehen. Georg bezahlte für alle drei, und auf ihren Dank hin schüttelte er nur langsam den Kopf.

„Nein, ich danke *euch*, ihr habt mir das Leben geret-
15 tet. Wenn ich euch egal gewesen wäre, dann hätte niemand gewusst, wo ich bin, und ich wäre nach dem Blitzeinschlag in der Hütte verbrannt. Außerdem tut es richtig gut, mit euch über alles sprechen zu können. Sonst würde mir ja doch keiner glauben oder mir helfen."
20 Ella strahlte, Max aber fühlte sich plötzlich nicht mehr wohl in seiner Haut, denn er ahnte, dass er diesen Dank nur zum Teil verdiente.

Als sie im Bus saßen, schlug Ella vor, dass Georg erst einmal zu ihr kommen sollte, worüber er sehr
25 erleichtert war. Seine Mutter hatte sicherlich inzwischen gemerkt, dass er nicht, wie mitgeteilt, bei einem Freund übernachtet hatte.

„Wen hast du denn genannt?", wollte Ella wissen. Sie konnte sich nicht vorstellen, dass Georg einen so
30 guten Freund hatte, von dem sie nichts wusste.

Die Antwort war Georg auch sichtbar peinlich.

„Ach, das war nur eine Ausrede, meine Mutter prüft so was nicht nach. Sie kennt meine Freunde gar nicht." Er schwieg wieder und keiner stellte noch eine weitere Frage. Das eintönige Brummen des Busses und sein Geschaukel ließen sie ihre Müdigkeit spüren, es fehlte nicht viel und sie wären auf ihren Sitzen eingeschlafen. Als sie angekommen waren, war es bereits Nachmittag. Auch in der Stadt hatte es tüchtig gegossen. Auf den Gehwegen standen riesige Pfützen. Sie zogen ihre Sandalen aus und spritzten barfuß und laut kreischend durch das Wasser. Max verabschiedeten sie vor seiner Haustür, er versprach aber, gleich nachzukommen.

Wider Erwarten war Marlene zu Hause und stürzte ihnen sofort entgegen. Als sie Ella und Georg erblickte, erstarben ihr aber ihre besorgten Begrüßungsworte im Munde und sie starrte die beiden nur ungläubig an. Sie hatten im Cafe doch nicht alle Spuren ihres Abenteuers beseitigen können.

Nach einer kleinen Pause, in der Marlenes Augen die zwei vom Scheitel bis zu den Sohlen abwanderten, sagte Ella: „Das ist Georg aus meiner Klasse. Hermann Grillo ist der Freund seiner Mutter".

Mit dieser Neuigkeit hatte Ella klugerweise alle weiteren langwierigen Erklärungen zu ihrem Aussehen erst einmal im Keim erstickt. Marlene konnte sich nicht halten vor Neugier. Mutter und Tochter waren sich nicht gerade unähnlich und das wusste Ella zu nutzen. Georg musste plötzlich viele Fragen beant-

worten, die ihm gar nicht so lieb waren. Bei einer
besonders enthusiastischen Lobeshymne auf die Ver-
dienste des Professors hielt er es aber nicht mehr aus.
Georg explodierte geradezu in einer Schimpftirade,
5 die dann in verzweifelten Tränen endete.

enthusiastisch
begeistert,
schwärmerisch

Er war völlig fertig, Marlene total ratlos und Ella
schämte sich, weil sie Georg angeboten hatte, zu ihr
zu kommen. Zum Glück klingelte Max genau in diesem heiklen Augenblick.

10 „Ich kann das einfach nicht *glauben*. Ich kann es
nicht glauben!"

Ellas Mutter saß mit den drei Freunden am Tisch,
auf dem eine große Platte mit Butterbroten, Teetas-
sen und Wassergläsern stand, und hatte sich die ge-
15 samte Geschichte erzählen lassen. Sie hatte während
der ganzen Zeit immer wieder den Kopf geschüttelt,
darum war es jetzt nicht so klar, ob sie den Brand oder
das Verhalten des Professors meinte.

„Ihr habt euch alle drei in große Gefahr gebracht,
20 ist euch das eigentlich klar?"

Georg setzte zu einer Gegenrede an, aber Marlene
kam ihm zuvor.

„Ich weiß, du meinst, du warst schon vorher in Gefahr. Aber Grillo ist Professor, er untersucht Fallbei-
25 spiele und stellt sie dar, aber er ist doch kein Voodoo-
Priester. Das ist eine jahrtausendealte Religion und
keine Zaubertrickkiste."

Sie sah, dass Georg nicht überzeugt war.

„Du hattest Angst, das verstehe ich, aber der muss
30 man mit Fragen auf den Grund gehen. Es gehört doch

mehr dazu, als sich zum Schutz auch eine Puppe zurechtzubasteln und zu hoffen, alles Schlechte träfe dann ihren Stellvertreter statt einen selbst."

Ella setzte sich mit einem Ruck wieder gerade hin, denn das hatte sie auf eine Idee gebracht.

„Ob der Grille vielleicht doch was passiert ist, nachdem die Puppe jetzt verbrannt ist?"

„Unsinn, Ella, Schluss damit. Also, ich versuch jetzt nochmal, Georgs Mutter zu erreichen. Georg, du solltest unbedingt diese Dinge mit ihr klären, am besten bevor der Professor nach Hause kommt."

Damit war das Thema für Marlene erst einmal erledigt. Das heißt, sie hatte das Gefühl, mit ihrem Latein am Ende zu sein und glaubte, dass Georg aus Einsamkeit eine zu starke Phantasie entwickelt hatte. Sie bewunderte Professor Grillo sehr und sagte sich, dass seine interessante Persönlichkeit sicher auch einschüchternd wirken konnte. Sie hoffte, dass der versprochene Interviewtermin mit ihm noch zustande käme, das wäre eine gelungene Abrundung ihres Zeitschriftenartikels.

Frau Lauterstein erhält einen Anruf

Am Freitag fehlte Frau Lauterstein in der Schule und Malte fehlte auch. Tom allerdings war anwesend und zwar voll und ganz. Er genoss es, mit seiner Geschichte im Mittelpunkt der Aufmerksamkeit zu
5 stehen, ohne dass Malte ihm dabei die Show stehlen konnte. Dabei war ihr Plan ins Wasser gefallen, im wahrsten Sinn des Wortes, doch das tat der Spannung dieser Geschichte an sich keinen Abbruch.

Sie hatten sich auf dem obersten Stockwerk der
10 Schule versteckt, bewaffnet mit einer Riesenmunition an Wasserbomben. Alles war vorbereitet, so schien es jedenfalls. Dann aber kam etwas dazwischen, ein Gegner, der mit einer weit größeren Munition aufwarten konnte: Das heftige Gewitter machte ihnen
15 einen Strich durch die Rechnung. Aber nicht nur das, der geplante Fluchtweg stand ihnen nicht mehr offen. Allem Anschein nach hatte die Harke für einen verantwortungsvollen Stellvertreter gesorgt, der lieber auf Nummer sicher ging.

20 Frau Lauterstein war zwar nass geworden, doch nicht durch die Hand der Schüler, außerdem musste sie noch rettend eingreifen, sonst hätten die zwei Jungen in der Schule – oh, nein, auf dem Dachbalkon – übernachten müssen. Allerdings hatte sie sich während der
25 Aktion den Fuß verstaucht, aber das ging nicht auf das Konto von Tom und Malte, was Tom bei der Darbietung des Ganzen gut zu vertuschen verstand. Er schaffte es, aus ihrer Niederlage erzählerisch einen Sieg zu machen.

Alle lachten sich bei der Schilderung vor Schadenfreude halb tot, Schadenfreude, die sich zu Unrecht gegen Frau Lauterstein richtete, aber das musste eben so sein. Wo wäre sonst der Spaß geblieben?

„Sie sah aus wie ein nasser Pudel", krähte Tom ₅ triumphierend, „und dann hinkte sie die Treppenstufen runter und schimpfte bei jeder Stufe, ‚Wie seid', hink, ‚ihr eigentlich' hink, ‚hier hoch gekommen', hink, hink, ‚verdammt nochmal', hink, aua."

Tom humpelte auf einem Bein und stark gebückt ₁₀ zwischen den Schulbänken herum, während er mit hoher und weinerlicher Stimme Frau Lauterstein nachahmte. Dabei überlegte er, wie Malte die Geschichte wohl noch ausgeschmückt hätte. Aber es genügte vollauf, alles wieherte vor Lachen, bis Picasso den Klassen- ₁₅ raum betrat und mit einem philosophischen Vortrag über das Wesen der Fröhlichkeit alle zur Besinnung brachte.

Einer allerdings hatte bei Toms Vorführung nicht mitgelacht. Max nahm den Aufruhr kaum wahr, denn ₂₀ er war mit seinen Gedanken weit weg. Frau Lautersteins Abwesenheit hatte ihn erschreckt. Hatte der Gangster sie vielleicht doch überfallen? Aber die Polizei war ja informiert. Natürlich konnte man nicht sicher sein, ob sie überhaupt etwas unternommen ₂₅ hatte. Am besten, er würde selbst nach dem Rechten sehen, die Adresse der Lauterstein ließe sich sicher herauskriegen.

Aber nicht nur der Einbrecher und dessen Pläne gingen Max im Kopf herum, Georgs Geschichte ließ ₃₀

ihm ebenfalls keine Ruhe. Marlene hatte schließlich
doch noch Georgs Mutter ans Telefon bekommen, und
da Georg auf keinen Fall nach Hause wollte, war diese
zu Ellas Mutter gefahren und hatte dort mit ihm gesprochen. Sie war vollkommen ahnungslos gewesen
und Georgs Flucht und der Brand der Hütte hatten sie
sehr erschreckt. Schließlich hatte sie Georg aber doch
überreden können, mit ihr nach Hause zu fahren.
Wie es Georg jetzt wohl ging? Er hatte ihn heute noch
nicht gesehen.

Max wünschte sich, der Unterricht wäre endlich zu
Ende. Ich werde Ella fragen, ob sie mitkommt, dachte
er. ‚Wir müssen helfen, weil nur *wir* davon wissen‘,
hatte sie gesagt. Bei Georg sind wir gerade noch im
letzten Augenblick erschienen und da habe ich auch
nicht gedacht, dass er in Gefahr ist. Auf die Polizei ist
vielleicht doch kein Verlass.

Als die Schulglocke das Ende dieses Unterrichts-
tages einläutete, waren Max und Ella die Ersten, die
zur Tür herausstürzten. Sie hatten sich in der großen Pause gesprochen und sogar die Adresse von Frau
Lauterstein herausgefunden. Ella hatte die Schulse-
kretärin mit einer Notlüge um das Telefonbuch gebeten und festgestellt, dass es glücklicherweise nur
einen Eintrag mit diesem Namen darin gab. Es war
tatsächlich eine Adresse in Birkenheim, also lag wohl
kein Irrtum vor.

Draußen waren die Pfützen, die das Gewitter be-
schert hatte, an der Sonne wieder getrocknet, als
hätte es sie nie gegeben. Aber die Blätter an den Bäu-

men glänzten wie frisch gelackt und die Luft prickelte
noch immer frisch und klar. In jedem Busch sang ein
Vogel aus vollem Hals. In Birkenheim gab es viele Gär-
ten und fast hinter jedem Zaun leuchteten knallrote
Kirschen wie frisch gewaschen durch das Laub.   5

    Ella fühlte sich seltsam zwiespältig. Es war Freitag
und nur eine Woche trennte sie von den großen Feri-
en, doch sobald sie unbeschwert und fröhlich alles um
sich herum wahrnahm, tauchten ganz plötzlich andere
Bilder auf, der Brand und die unheimliche Puppe, die   10
alles Heitere sofort verdrängten. Sie musste immer
wieder daran denken, was Georg ihnen erzählt hatte.
Sie versuchte sich vorzustellen, wie es ihr an Georgs
Stelle gehen würde, wie würde sie sich verhalten? Tat-
sache war aber, sie konnte es sich nicht vorstellen und   15
sobald sie es versuchte, fühlte sie sich so hilflos, dass
sie richtig wütend wurde – wütend über sich selbst.
Sie hasste es, sich so hilflos zu fühlen, es war verwir-
rend neu für sie.

    Das ist unfair, dachte Ella immer wieder, ein   20
Professor gegen einen Schuljungen wie Georg, einfach unfair. Marlene hatte von zu lebhafter Phantasie
gesprochen und Georg war, bis seine Mutter endlich
eintraf, zusehends in sich versunken.

    Am liebsten hätte Ella sofort etwas unternommen,   25
aber was? Die Grille zur Rede stellen? Sie hatte ihn nur
einmal kurz gesehen, aber es reichte, um zu wissen,
wie zwecklos das wäre. Man müsste ihn auf frischer
Tat ertappen, dachte sie plötzlich und fühlte sich sofort belebt, ihn so hereinlegen, dass er sich nicht mehr   30

herausreden könnte. Dieser Gedanke machte sie so munter, dass sie gleich zu hüpfen begann und ihre Arme kreisen ließ, wobei ihre Ketten und Armbänder rasselten wie bei einer Schützenfestkapelle.

5 Auf einmal riss Max sie grob an der Schulter zurück und zischte ihr zu, sich nicht so kindisch zu benehmen.

„Da vorn ist das Haus der Lauterstein, Nummer 18, also sei leise, verdammt nochmal!"

10 Ella blitzte ihn böse an, aber sie verhielt sich ruhig. Langsam näherten sie sich dem Haus und spähten vorsichtig durch die Hecke.

Der Garten schien menschenleer, nur nebenan lärmten einige Vögel im Kirschbaum und ließen eine 15 Flut angepickter Kirschen herabregnen. Plötzlich hörten sie einen Schuss und duckten sich unwillkürlich unter die Büsche. Sie sahen sich verwirrt an. Ella hörte ihren Herzschlag so laut, als säße ihr Herz direkt in den Ohren.

20 „Was ist hier denn los?"

„Keine Ahnung", flüsterte Max, ebenso erschrocken, und sah sich langsam um.

Im Nachbargarten war es still geworden. Die Vögel waren alle blitzschnell in die Luft emporgestiegen. 25 Während sie noch überlegten, was das nun zu bedeuten hatte, wurde irgendwo nebenan mit einem lauten „Verfluchte Vögel" wütend eine Tür zugeschlagen.

Ella holte tief Luft. „Wollen wir in den Garten gehen?"

30 Max nickte. Es war falscher Alarm gewesen, nur ein

Schreckschuss für die Vögel, aber mittlerweile hielten sie schon fast alles für möglich. Doch das brachte sie nicht von ihrem Vorhaben ab – sie wollten sich unbedingt davon überzeugen, dass alles in Ordnung wäre.

Frau Lautersteins Grundstück hatte keinen Zaun, ihr Garten war nur durch Heckensträucher abgegrenzt, die an einigen Stellen einen Durchlass ermöglichten. Sie blickten vorsichtig in alle Richtungen, bevor sie sich durch die Büsche quetschten, aber die Straße hielt Mittagsschlaf, auch der Schuss hatte niemanden herausgelockt. Vermutlich kannte die Nachbarschaft die Schießgewohnheiten des Vogelfeindes bereits.

Gebückt schlichen sie schnell über den Rasen bis zur Hauswand und suchten Deckung unter einem Fliederbusch, als ein Telefonklingeln ganz in ihrer Nähe sie erneut zusammenzucken ließ.

Ein knappes „Ja?" machte ihnen klar, dass Frau Lauterstein zu Hause war. Mehr als das, sie war im Garten, nur wenige Schritte von ihnen entfernt. Eigentlich konnten sie nun beide beruhigt sein, es war ihr anscheinend nichts geschehen, und also hätten sie schnell wieder gehen können. Doch sie waren nun mal wo sie waren, die Situation war zu verführerisch. Wann sonst bot sich ihnen die Möglichkeit, Einblick in das Privatleben dieser verschlossenen Lehrerin zu bekommen?

Ohne dass sie sich irgendwie darüber verständigt hätten, schoben sich Max und Ella automatisch an der Wand bis zur Hausecke weiter vorwärts. Dort wuchs glücklicherweise ein breiter Ginsterbusch. Ella lobte in Gedanken Frau Lauterstein für ihre Gartenplanung und spähte vorsichtig um die Ecke.

Die Lehrerin saß in einem Gartenstuhl auf der Terrasse, ein bandagiertes Bein auf einem zweiten Stuhl ausgestreckt. Sie hielt ein Mobiltelefon ans Ohr und machte ein sehr besorgtes Gesicht.

„Was soll das?", rief sie nun einigermaßen verärgert, „ich habe keine Polizei verständigt ... nein wirklich nicht! ... Und warum sollte ich... Nein, nein, auf gar keinen Fall, das möchte ich natürlich nicht ... Wie bitte? So viel hab ich aber nicht! ... Was? Das können sie doch nicht machen! Nicht nach all dem, was ich bereits getan habe ...“

Ella blickte zu Max, um zu sehen, ob er auch mitbekommen hatte, was sie da hörte. Das konnte doch nur eins bedeuten, oder?

Frau Lauterstein schien sich nun wieder unter Kontrolle zu haben. „Ist ja gut! Ich werde sehen, was ich tun kann ... Ja, ich versuche es zu besorgen.“

Sie ließ das Telefon in ihren Schoß sinken und schüttelte immer wieder fassungslos den Kopf.

Max gab Ella, die wie gebannt auf die Frau im Gartenstuhl starrte, ungeduldig Zeichen, endlich den Rückzug anzutreten. Es wurde höchste Zeit. Auf keinen Fall wollte Max in dieser Situation in ein falsches Licht geraten. Er konnte sich gut vorstellen, wie Frau Lauterstein reagieren würde, wenn sie nach diesem Anruf auch noch ungebetene Lauscher entdecken würde.

Ella drehte sich endlich um und zog sich hinter den

Ginster zurück. Plötzlich gab es ein lautes schepperndes Geräusch und Ella zuckte zusammen vor Schreck, aber auch vor Schmerz, denn sie war auf eine Harke getreten, die ziemlich versteckt und mit nach oben gerichteten Zinken im Gras gelegen hatte. Der Stiel der Harke war dabei gegen die Hauswand geschlagen.

„Hallo? Wer ist denn da?" Frau Lauterstein schien sich mühsam aus ihrem Gartenstuhl zu erheben.

Oh, wie gut, dass ihr verstauchter Fuß sie offenbar daran hinderte, rechtzeitig um die Ecke zu kommen. Als sie die Stelle humpelnd erreicht hatte, waren Max und Ella bereits wie die Wiesel durch die Hecke geflitzt. In dem Moment sprang eine schwarze Katze aus dem Ginster und jagte wie wild über den Rasen davon. Frau Lauterstein schüttelte kurz den Kopf und humpelte wieder zur Terrasse zurück.

Die beiden Lauscher hockten hinter der Hecke und sahen sich entgeistert an.

„Hast du die Katze gesehen, war die etwa die ganze Zeit da vor uns? Wie unheimlich, dass wir sie gar nicht bemerkt haben."

Ella schüttelte sich in nachträglichem Schrecken.

„Wir haben die Lauterstein beobachtet und die Katze hat uns beobachtet", sagte Max mit einem Grinsen. Dann wurde er aber nachdenklich.

„Wer weiß, vielleicht hockt hier irgendwo der Autoknacker und beobachtet *uns*. Vielleicht sogar, während er telefoniert hat."

„Du glaubst auch, dass er es war, nicht?"

„Na, klar, er will Geld von ihr, er erpresst die

Lauterstein. Kannst du dir vorstellen, womit man die erpressen könnte? Was kann sie nur getan haben?"

Max verfiel wieder ins Grübeln, aber Ella wurde nun unruhig. Die Vorstellung, dass sie selbst vielleicht
5 beobachtet wurde, machte ihr Magenschmerzen.

„Lass uns abhauen, komm weg hier!"

Sie sahen sich misstrauisch um und entfernten sich dann schnell vom Haus ihrer Lehrerin. Bevor sie um die nächste Ecke bogen, blickte Ella noch einmal
10 zurück. Eine Wolke schwarzer Vögel ließ sich gerade wieder in der Krone des Kirschbaums nieder.

„Er muss in ihrem Wagen durch Zufall etwas gefunden haben, was ihn auf diese Idee gebracht hat, meinst du nicht?"
15 Ella versuchte sich einen Reim auf die verwirrenden Neuigkeiten zu machen.

„Irgendetwas Geheimes und natürlich ihre Papiere, aus denen er dann auch gleich ihre Adresse erfahren hat."
20 „Oder er kannte sie schon und hat deshalb ihren Wagen aufgebrochen, um zu schnüffeln."

Sie lagen auf der Wiese einer kleinen Parkanlage und zupften, während sie sprachen, das Gras um sich herum ab, als müssten sie Futter für ein paar Hauska-
25 ninchen sammeln. Allerdings bemerkten sie gar nicht, was sie taten, so sehr waren sie mit ihren Gedanken woanders.

Plötzlich hieb Max mit der Faust auf den Boden und richtete sich hastig auf.

„Mensch, wie konnte ich das nur übersehen!"

„Was denn?"

„Er hat doch mit jemandem darüber am Telefon gesprochen, als ich ihn belauscht habe, also hat er ja einen Komplizen! Wir haben es mit zwei Gangstern zu tun." ₅

Ella sah Max überrascht an und stand ebenfalls auf. Es stimmte, warum hatten sie daran nicht gleich gedacht?

„Lass uns in die Beethovenstraße gehen, vielleicht kriegen wir doch irgendwas raus." ₁₀

Max rannte schon los, ohne Ellas Antwort auch nur abzuwarten. So stolperte sie schnell hinter ihm her und ärgerte sich dabei, dass sie nicht nach ihrer Meinung gefragt wurde. Aber sie verstand, wie wichtig es jetzt war, an dieser Sache dranzubleiben, auch wenn ₁₅ das bedeutete, schon wieder durch die halbe Stadt zu rennen.

In der Beethovenstraße 77 war alles unverändert, nur der kleine Schütze machte wahrscheinlich gerade seinen Mittagsschlaf und verschonte sie so vor einer ₂₀ plötzlichen Dusche. Die Garage mit dem hellblauen Tor war verschlossen, wie die drei anderen daneben auch. Sie gingen zur Haustür und schauten auf die Namensschilder.

„Susanne Rickelt", las Ella leise vor, „das ist er eher ₂₅ nicht". „R. Meier, hm, Familie Baumeister – da wohnt bestimmt dein neuer Freund", dabei kicherte Ella schadenfroh.

„Feuerknecht ... Feuerknecht, das ist er!" Ella wurde vor Begeisterung fast laut. ₃₀

„Pst!" Max stieß ihr den Ellenbogen in die Seite, teils auch, um ihr den ‚kleinen Freund' heimzuzahlen.

„Du, nicht mal ein Vorname steht dabei, auch kein R Punkt oder so. Das ist doch verdächtig."

Das fand Max auch, gönnte ihr die Zustimmung aber nicht. Sie prüften noch, ob sie die Eingangstür öffnen könnten, aber sie blieb verschlossen. Da sie nichts weiter ausrichten konnten, machten sie sich endlich auf den Heimweg. Sie beschlossen, am nächsten Tag wiederzukommen. Am Samstag war meistens mehr los vor den Haustüren und den Garagenhöfen. Auch ein Feuerknecht musste schließlich mal einkaufen und R. Meier auch. Sie hatten also eine Chance und sie wollten auf jeden Fall dran bleiben, das war die Hauptsache.

Während sie wieder durch die sommerlichen Straßen liefen, wanderten Ellas Gedanken vom Lauterstein-Fall wieder zu Georg und ihrer Idee, Grillo bei seiner Intrige auf frischer Tat zu ertappen. Aber wie? Sie erklärte Max, was sie sich überlegt hatte. Er nickte mehrmals zustimmend. Ja, das war eine gute Idee, sie würden natürlich Georg einweihen, denn er müsste seine Rolle so gut spielen, dass die Grille übermütig würde. Vielleicht sollten sie sich gleich mal mit ihm treffen, Ella war sowieso furchtbar neugierig, ob Grillo einen Unfall oder Ähnliches gehabt hatte.

„Zu dritt fällt uns dann bestimmt auch was ein."

„Wir sollten aber deiner Mutter nichts davon sagen", meinte Max besorgt, „ich glaube, sie bewundert den Typen."

„Ach, sie hat nur Angst um ihren Bericht für die Zeitschrift, das ist sowieso das Wichtigste. Alle wollen gern was über Zaubereien lesen, sagt meine Mutter, besonders wenn es von einem richtigen Professor, noch dazu aus Südamerika, kommt. Aber dass der versucht einen Jungen fertigzumachen, nur weil er ihn stört, das glaubt dann sowieso keiner, das haben wir ja gemerkt."

Ein Plan entsteht

Als sie zu Hause eintrafen, war es schon fast halb drei und Max fühlte sich nicht wohl bei der Vorstellung, seiner Mutter erklären zu müssen, wo er so lange gewesen war. Sie wusste schließlich, dass er um 5 12 Uhr Schulschluss hatte.

Aber wie sich herausstellte, war sie gar nicht da, nur ein Blatt Papier auf dem Tisch, das ihm erklärte, wohin sie gefahren sei und was er essen könne. Ihre Schwester hatte einen Autounfall gehabt und brauch- 10 te ihre Hilfe. Max rief bei seiner Tante an und erfuhr, dass sie erst vor fünf Minuten aus dem Krankenhaus zurückgekommen seien. Es hatte alles endlos gedauert, obwohl sie nur leicht verletzt worden war, und nun wollten sie erstmal entspannen. Max hatte nichts 15 dagegen.

„Ja, ich hab genug zu essen ... Nein, es ist nicht schlimm, dass ich allein bin ... Ja, ich passe auf mich auf!"

Während er aß, überlegte Max, wie man etwas 20 über die Erpresser herausbekommen könnte. Er konn- te schließlich nicht Tag und Nacht Frau Lauterstein im Auge behalten. Ob sie ihr tatsächlich etwas antun würden, falls sie nicht zahlte? Oder schlimmer noch, würden sie ihr vielleicht auf jeden Fall etwas antun, 25 sie sogar töten wollen, um nicht doch noch von ihr angezeigt zu werden? Aber er hatte die Polizei doch informiert, wer weiß, vielleicht waren sie auch bereits am Ermitteln. Er wusste nicht genau warum, aber er wollte auf keinen Fall, dass Frau Lauterstein von seiner Spioniererei erfuhr. Die Vorstellung war ihm geradezu schmerzhaft peinlich. Es würde schon nicht zum Schlimmsten kommen, wahrscheinlich kannte die Lauterstein ihre Erpresser ja sogar gut und wusste bestimmt am besten, wie sie sich zu verhalten hatte. Jedenfalls hatte sie noch nie ein Zeichen von Schwäche gezeigt. Sicher kam sie allein sehr gut klar.

Max und Ella hatten ausgemacht, sich um vier Uhr zu treffen und dann Georg abzuholen, um mit ihm ihren Plan zu besprechen. Ella wurde es mulmig bei dem Gedanken, dass Grillo ihnen vielleicht selbst die Tür öffnen könnte. Er hatte sie zwar am Dienstag nicht gesehen, als er das Haus verließ, aber bei einem Voodoo-Fachmann konnte man ja nie wissen, oder?

„Alles Quatsch", sagte Max und kümmerte sich nicht weiter um ihre Einwände. „Wir sind einfach Schulfreunde und wollen was unternehmen, basta."

„Und wenn Georgs Mutter ihm alles, was passiert ist, schon erzählt hat, auch dass wir dabei waren, dann riecht er doch Lunte!"

„Ich glaube das nicht, außerdem müssen wir es einfach darauf ankommen lassen. So wissen wir wenigstens Bescheid."

Damit war es beschlossen und Ella konnte nur noch hoffen, die Grille würde nicht zu Hause sein.

Als sie vor Georgs Zuhause ankamen, schauten sie zunächst in den Garten und sahen das Seil aus dem Baumhaus baumeln. Auf ihren halblauten Zuruf tauchte auch gleich Georgs Kopf auf. Er winkte ihnen zu und rutschte rasant das Seil hinab. Wieder versteckte er das Seil und den langen Ast, bevor er zu ihnen gerannt kam.

Man merkte ihm an, dass er sich sehr freute, sie zu sehen, und in Max regte sich sein schlechtes Gewissen, da Georg ihm bislang so vollkommen gleichgültig gewesen war.

„Hast du Zeit? Wir wollen was mit dir besprechen", flüsterte Ella ihm sofort zu.

Georg schaute sie überrascht an, nickte aber schnell und kam zu ihnen auf die Straße.

„Wir können in den Park bei der Bibliothek gehen, wenn ihr wollt."

Als sie eine etwas abseits gelegene Bank gefunden hatten, eröffneten sie ihm ihre Überlegungen, Grillo reinzulegen. Georg war erst skeptisch, fing aber dann schnell Feuer. Seine Mutter hatte ihrem Freund übrigens nichts von seiner Flucht erzählt. Sie hielt es für besser, weil sie Georgs Ängste nicht glauben konnte und annahm, er könne Grillo nur nicht leiden und wolle sich einfach gegen sie durchsetzen.

„Außerdem will sie keine Probleme im Haus haben, sagt sie."

„Ist ihm denn gar nichts passiert auf seiner Reise?"

„Nein, aber ihr werdet es nicht glauben, es hat in seinem Hotel *gebrannt*. Dabei sind auch Unterlagen von ihm verbrannt. Stellt euch das mal vor!"

Ella versuchte es.

„Warum ist ihm nichts geschehen?"

„Ach, es hat einen Kabelbrand im Vortragssaal

gegeben, aber erst in der Nacht, nach seinem Vortrag. Er hatte seine Unterlagen dort liegen lassen, in der Nähe der Stelle, wo der Brand ausgebrochen ist. Aber es ist nicht viel passiert dabei, niemand wurde verletzt. Er war natürlich wütend, dass seine Sachen hin waren, aber daran war er selbst schuld. Na ja, seine Laune war nicht die Beste, als er kam. Hat sich aber im Handumdrehen wieder erholt, als er heute früh angerufen wurde. Jetzt ist er zu einem Termin weg, wo er sich bestimmt wieder selbst in den Himmel hebt, der falsche Hund!"

Er war wieder richtig in Rage geraten beim Gedanken an den Professor.

„Ja, man müsste ihn endgültig entlarven, ich will es auf jeden Fall versuchen."

Georg sah grimmig vor sich hin und hatte unwillkürlich die Hände zu Fäusten geballt. Plötzlich lächelte er.

„Und ich wüsste auch schon wie."

Der Gang in die Höhle des Löwen

„Elli, lies mir was vor."

Eva drückte ihrer Schwester ein hartes, kantiges Etwas ins Gesicht und beförderte sie auf diese Weise blitzartig aus einem Traum in die Realität. Ella hätte gern noch weiter geträumt. Sie war als großer Vogel über ein tiefes, grünes Tal geflogen und hatte dabei das Gefühl gehabt, jedes einzelne Blatt dort unten gehöre ihr.

„Es ist Samstag, Eva, ich will noch schlafen."

„Aber Mama und Papa wollen auch noch schlafen. Das ist *sooo* langweilig!"

Ella seufzte. Doch dann fiel ihr plötzlich ein,was sie gestern mit Max und Georg besprochen hatte, und sie sprang schnell aus dem Bett, um sich anzuziehen. Sie war aufgeregt und konnte es kaum verbergen. Aber Eva ließ nicht locker, und ohne gemeinsam mit den Eltern gefrühstückt zu haben, durfte sie sowieso nicht weggehen.

„Also gut, komm her", sagte sie schließlich, schnappte sich das Buch und ließ sich mit Eva noch einmal in den Federn nieder, bis ihre Mutter kam, um beiden guten Morgen zu wünschen.

Marlene war in bester Stimmung, obwohl sie den ganzen Freitagabend bis in die Nacht an ihrem Bericht gearbeitet hatte.

„Na, meine zwei Mädchen, was unternehmen wir denn heute?", fragte sie unternehmungslustig, als sie zur Tür hereinkam.

„Wieso, hast du denn Zeit?"

„Ja, Ella, mein Bericht über Professor Grillo und die alten Voodoo-Rituale ist fertig. Er hat mir gestern ein Interview gegeben, Fotos habe ich auch gemacht, ich habe alles beisammen. Das wird ein Erfolg, da bin ich mir sicher, interessanter Gesprächsstoff für längere Zeit."

Marlene merkte gar nicht, dass Ella sich wie alarmiert erhoben hatte. „Vielleicht auch noch ausbaufähig", fügte sie noch nachdenklich hinzu, wurde aber von ihrer Tochter scharf unterbrochen.

„Du hast mit diesem Verbrecher gesprochen?"

„Aber Ella, er ist doch kein Verbrecher, nur weil Georg ..."

„Er ist ein ganz gemeiner Schuft, über den darfst du nichts schreiben, schon gar nichts Gutes!"

„Hör mal zu, ich glaube nicht, dass wir so vorschnell ..."

„Er ist ein hinterlistiges, gemeines Scheusal und das werden wir auch beweisen!"

Damit ließ Ella ihre Mutter im Zimmer stehen und rannte ins Bad, wo sie die Tür mit lautem Krachen hinter sich zuwarf.

Es gab sicherlich Samstage, die friedvoller begannen als dieser, aber dennoch war Ella, als sie nach dem Frühstück zu Max schlenderte, gut aufgelegt. Sie wollten Georg in der Bibliothek treffen, um einige Bücher auszuleihen, die eine wichtige Rolle in ihren Entlarvungsplänen spielen sollten.

Ganz plötzlich jubelte alles in ihrem Körper, völlig unvorbereitet durchfuhr sie eine Welle des Glücks, die so groß war, dass sie tief nach Luft schnappen musste. Es war Sommer, der Himmel blau wie ein Beet voller Vergissmeinnicht, die Straße noch still und leer und in allen Bäumen zwitscherten die Vögel. Nur noch eine Woche, fünf Schultage nur, bis zur endlosen Freiheit.

Ella begann mit den Vögeln um die Wette zu pfeifen und hüpfte den Weg händeklatschend entlang, als sich auf einmal ein Fenster über ihr öffnete und ein Mann laut „Mach nicht so einen Lärm, verdammte Göre!" herab schrie. Er schlug wütend das Fenster zu, bevor Ella sich auch nur wundern konnte.

In der Bibliothek war es still und kühl wie in einer Kirche. Georg hatte einen Bücherturm vor sich aufgebaut und schrieb emsig in eine Kladde. Anschließend fügte er noch eine Zeichnung an, wobei sich ein sehr zufriedenes Lächeln über sein Gesicht legte.

Es war alles genauestens geplant, besprochen und vorbereitet. Jetzt musste der Fisch nur noch anbeißen. Georg verabschiedete sich von seinen Freunden, um den Köder schnellstens auszulegen. „Toi, toi, toi" rief ihm Ella hinterher.

Max schüttelte missbilligend den Kopf.

„Das ist doch auch Aberglauben, dass so was Glück bringen soll. Außerdem sagt man das nur am Theater und die sind sowieso alle ein bisschen verrückt."

„Schaden kann's ja wohl nicht. Lass uns jetzt zu diesem Feuerknecht gehen. Ich sag dir, wer so heißt, kann ja nur ein Ganove sein."

Während sie durch verschlafene Straßen liefen, dachten beide an die bevorstehenden Ferien. Ella war vor einigen Wochen etwas enttäuscht gewesen, als ihre Mutter ihr eröffnet hatte, dass sie in diesem Jahr nicht verreisen würden. Aber im Grunde fand sie es ₅ nicht schlimm. Sie streunte gern durch die Stadt und die Flussauen, genoss die scheinbar endlose Zeit mit Lesen im Garten oder ging zum Schwimmen. Es gab so vieles, was man beobachten konnte, und oft ergaben sich dadurch die interessantesten Möglichkeiten. ₁₀

„Fährst du eigentlich in den Ferien weg?", fragte sie Max.

Er nickte.

„In die Alpen, zehn Tage mit einer Jugendgruppe."

„Und? Ist das was? Oder wird da alles vorgeschrie- ₁₅ ben, was man machen muss?"

„Nee, gar nicht, es ist toll. Ich war letztes Jahr zu Ostern auch dabei. Du kannst ja mitkommen."

Ella sah ihn erstaunt an. „Geht das denn?"

„Klar, ich glaub, es sind sogar noch Plätze frei." ₂₀

Ella sah sich bereits mit Rucksack auf einsamen Bergspitzen stehen. Da fragte Max plötzlich: „Weißt du schon genau, wie dein Zeugnis ausfallen wird?"

„Ja, ich denk schon, warum?"

Max machte ein düsteres Gesicht. ₂₅

„Wegen der Lauterstein. Vielleicht gibt sie mir jetzt doch eine Fünf in Englisch, wegen der Geschichte mit dem Schlüssel, du weißt schon. Außerdem kann es ja sein, dass sie auch mitgekriegt hat, wer ihr die Wasserbombe auf den Kopf geschmissen hat. Für sie ₃₀ bin ich ein Unruhestifter, hat sie ja selbst gesagt, als sie mich wegen des Abschreibens runtergemacht hat. Die will doch gar nicht wissen, wie ich wirklich bin, ihr Urteil über einen steht doch schon vorher fest."

Ella dachte an Frau Lautersteins verschlossenes Gesicht.

„Ich wüsste zu gern, was sie mit diesen Erpressern verbindet. Glaubst du, die sind wirklich gefährlich?"

Max zuckte mit den Schultern. Er wusste es nicht, er wusste nicht einmal, ob er ihr nicht vielleicht eine brenzlige Lage sogar wünschte.

Im Komponistenviertel mussten sie einer Gruppe Jugendlicher ausweichen, die laut grölend an einer Straßenecke standen und jeden anpöbelten, der an ihnen vorbeiging. Dagegen lag der Schulhof der Mozartschule, mit seinen Spielgeräten, Bänken und Wiesen, wie ausgestorben da.

Sie näherten sich nun der Beethovenstraße und fühlten plötzlich, wie sie aufgeregt wurden. Aus dem Garagenhof der Nummer 77 fuhr gerade ein Auto auf die Straße, als sie ankamen.

„Hoffentlich war er das nicht, dann haben wir aber Pech gehabt", sagte Ella enttäuscht und sah dem Wagen hinterher.

Sie betraten den Hof und blickten sich dabei vorsichtig nach allen Seiten um. Fast gleichzeitig zuckten sie zusammen, als sie bemerkten, dass ein Garagentor weit offen stand. Es war die Garage des Autoknackers. Was sollten sie jetzt tun? War er vielleicht dort drinnen?

Sie drückten sich an die Wand, unschlüssig, was sie nun machen sollten. Da hörten sie eine Männerstimme, die ungeduldig auf jemanden einredete. Max überlief eine Gänsehaut. Diese Stimme kannte er. Nie würde er vergessen, wie er voll Angst, nur versteckt ₅ von einem Blumenkübel, dieser Stimme gelauscht hatte.

„*Er* ist es, nicht wahr?", flüsterte Ella. „Dann ist der andere vielleicht auch da drin."

Wie gut, dass keiner der beiden sie bisher gesehen ₁₀ hatte. Ellas Haut begann zu kribbeln.

„Sie werden sich fragen, was wir hier machen. Die kennen doch bestimmt alle, die hier wohnen."

Jetzt wurde die Stimme lauter. „Muss das denn sein? Das ist doch nur ein Zeitverlust, verdammt ₁₅ nochmal!"

Max sah Ella an, er war ganz bleich geworden.

Auf einmal stürmte ein Mann aus der offenen Garage, rief „Na gut, na gut" und lief zum Haus hinüber. Beide hielten den Atem an, in der Erwartung, gleich ₂₀ auch seinem wütenden Komplizen gegenüberzustehen. Wie sollten sie ihre Anwesenheit erklären?

Da erst bemerkten sie das Handy, das der Einbrecher nun in seine Hosentasche steckte, bevor er die Haustür aufschloss. ₂₅

„Lass uns schnell mal rein gehen, ob wir irgendwas entdecken."

Schon hatte sich Max in Bewegung gesetzt. Ella warf noch einen prüfenden Blick zurück zur Haustür, bevor sie ihm in die Garage folgte. ₃₀

In der Falle

Es war dunkel dort drinnen. Nachdem sie aus dem hellen Sonnenschein traten, brauchten sie einen Moment, bis sich ihre Augen an die Dunkelheit gewöhnt hatten. Vor ihnen stand ein schwarzer Lieferwagen,
5 dessen Hecktür offen stand. An den Wänden stapelten sich übervolle Umzugskartons, dazwischen alte Wasserbehälter, Koffer und viele Seile in allen möglichen Größen.

Ella öffnete eine Kiste und sah hinein. Was sollte
10 das denn sein? Ein weiches Gummigebilde mit mehreren Vertiefungen lag vor ihr. Sie holte es heraus und drehte es herum – und hätte fast einen Schrei ausgestoßen. In ihren Händen lag eine Maske.

Sie war schrecklich, obwohl sie ganz echt wirkte,
15 und Ella war sich nicht sicher, ob sie nicht gerade deshalb so erschreckend aussah. Es war keine Karnevalsmaske, sondern zeigte das normale Gesicht einer Frau.

„Mensch, Ella, sieh dir das hier an."
20 Max stand am Heck des Wagens und winkte sie heftig herbei.

Sie ließ die Maske fallen und streckte ebenfalls ihren Kopf in den hinteren Raum des Fahrzeugs. Auch hier lagen Seile, außerdem einige Kartons, Decken
25 und – Messer. Es waren zwei große Messer mit langen Klingen und kräftigen Holzgriffen. Daneben lagen einige Rollen mit breitem Klebeband.

Max hob eine Ecke der vorderen Decke an und

brachte so einen Stapel Papiere zum Vorschein. Auf dem Deckblatt war das Siegel eines Notars zu sehen.

Plötzlich hörten sie das Klappern von Schuhabsätzen auf dem Garagenhof. Nur weg von hier! Aber wohin? Es war zu spät, um die Garage noch unauffäl- 5 lig verlassen zu können. Und wie sollten sie erklären, was sie hier machten, und vor allem: Würde ihn eine Erklärung interessieren? Sie hatten gesehen, was keiner sehen sollte, was niemand wissen durfte, die Vorbereitung eines Verbrechens.   10

In ihrer Angst sahen sie nur eine Möglichkeit: Sie krochen in den Wagen hinein und versteckten sich hinter den Kisten. Es war keine Sekunde zu früh. Der Mann betrat die Garage, warf die Hecktür zu und setzte sich hinter das Steuer. Der Motor startete und 15 schon fuhren sie durch das Tor und den Hof auf die Straße.

Sie saßen in der Falle. Wenn er stehen bleibt, wird er die Tür öffnen und seine Sachen rausholen, dann sind wir dran, dachte Max und sah zu Ella hinüber. Sie 20 starrte auf die Messer. Sie rutschten jetzt leicht auf das Seilknäuel zu. Eine Gänsehaut fuhr ihr über den Rücken, obwohl die Hitze im Wagen ihr gleichzeitig den Schweiß aus den Poren trieb.

Auf einmal wurden sie gegen die Seitenwand 25 geschleudert, als das Fahrzeug scharf nach rechts abbog. Kaum hatten sie sich wieder aufgerappelt, als der Wagen mit einem Ruck stehen blieb.

Oh Gott, es war so weit, jetzt würde er gleich kommen und die Tür aufreißen. Max streckte sich etwas, 30

um aus dem Fenster zu sehen. Sie standen anscheinend vor einer roten Ampel. Das haben wir jetzt von
unserer Spioniererei, dachte er. Und alles wegen der
Lauterstein, als hätte sie ihm nicht schon genügend
Unannehmlichkeiten bereitet. Was geht es mich denn ₅
an, wenn sie sich mit Verbrechern einlässt, wenn man
sie erpressen kann. Dann ist sie sicher kein Unschulds-
lamm, auch wenn sie immer so tut. Max war plötzlich
mehr wütend als ängstlich. Wir sollten verschwinden,
so schnell wie möglich. ₁₀

Er kroch zur Tür und untersuchte, ob sie sich vielleicht von innen öffnen ließ, aber er hatte keinen Erfolg. Der Wagen fuhr an und Max kippte nach hinten.

„Wenn er anhält und aufmacht, dann hauen wir sofort ab." ₁₅

„Er wird uns festhalten", sagte Ella, „einen von uns
auf jeden Fall."

„Wir müssen es trotzdem versuchen, vielleicht ist
er ja so überrascht, dass er zu langsam reagiert."

Ella nickte. Ihr war vor Angst so schlecht gewor- ₂₀
den, dass sie ihre ganze Konzentration darauf richten
musste, sich nicht zu übergeben. Sie kauerte sich hinter dem Karton zusammen und umfasste ihre Knie.

Es kam ihnen wie eine Ewigkeit vor, aber endlich
hielt der Wagen doch an, der Motor wurde still. Sie ₂₅
warteten. Die Fahrertür schlug zu, aber niemand kam.
Nach einer Weile schaute Max aus dem Fenster. Er sah
einen Kirschbaum, in dem sich eine Wolke von Vögeln tummelte.

„Du, wir sind bei der Lauterstein." ₃₀

Max glaubte gleich durchzudrehen, wenn er noch länger eingesperrt bleiben musste.

„Was hat der nur vor, warum holt er nicht seine Sachen?"

Ella schwieg. Sie hatte hinter ihrem Karton nicht die kleinste Bewegung gemacht. Plötzlich duckte sich Max. Der Mann näherte sich wieder dem Wagen. Er machte die Hecktür auf und nahm eines der Messer heraus. Dann blieb er einen Moment still stehen, als dächte er nach. Hatte er sie etwa entdeckt? Warum ging er denn nicht, verdammt nochmal.

Beide hielten sie den Atem an. Endlich entfernte sich der Mann und ließ die Wagentür offen stehen. Max sah ihm durchs Fenster hinterher.

„Komm schnell raus hier, so mach doch schon."

Ellas Beine waren eingeschlafen und kribbelten furchtbar, aber sie schaffte es, aus dem Auto zu kriechen.

„Lass uns abhauen, bevor er zurückkommt."

Aber Ella rührte sich nicht. Sie hatte immer noch Angst, aber jetzt, da sie befreit war, gewann ihre Neugier wieder die Oberhand. „Wo ist er hin?"

„Den kleinen Weg links ums Haus, wahrscheinlich zur Terrasse."

Ella dachte nach.

„Dann könnten wir sehen, was er macht, wenn wir rechts durch die Büsche gehen wie gestern." „Bist du denn verrückt?", zischte Max sie an.

„Quatsch, ich will nur *wissen*, was er da macht. Er wird schon nicht durch die Fliederbüsche zurückwollen, sondern genauso gehen wie vorhin."

„Oder durch die Haustür, das hast du wohl vergessen, vielleicht mit der Lauterstein!"

Aber Ella hörte nicht länger zu, sie war bereits zur Hecke gehuscht und durch die Büsche getreten. Max folgte ihr automatisch. Was sollte er auch sonst tun. Sie eilten zur Hauswand und spähten im Schutz des breiten Ginsterbusches um die Ecke auf die Terrasse. Sie konnten gerade noch beobachten, wie der Mann durch ein Fenster ins Haus einstieg.

„Und jetzt? Hast du nun genug gesehen?"

Max fühlte sich plötzlich unwohl in seiner Rolle als Spion. Was konnte er schon tun? Am liebsten wäre er in diesem Moment weit, weit weg gewesen.

Er will Frau Lauterstein umbringen, dachte Ella entsetzt.

In diesem Augenblick hörten sie lautes Absatzgeklapper auf dem Gehweg. Es kam Max irgendwie bekannt vor. Einen kurzen Moment brach es ab und näherte sich dann wieder dem Haus. Die Gartenpforte quietschte.

„Das ist sie, sie war gar nicht im Haus", flüsterte Max.

Das Klirren eines Schlüsselbundes war jetzt zu hören.

„Sie will rein gehen, das darf doch nicht sein. Max, wir müssen etwas tun!"

Ella sah ihn schreckerfüllt an.

In Max arbeitete es mit rasender Geschwindigkeit. Er wollte nicht entdeckt werden, hier, versteckt im Garten seiner Lehrerin, er wollte nicht, dass Frau

Lauterstein merkte, dass er sie belauscht hatte, dass er von der Erpressung wusste. Es war ihm so peinlich, dass ihm ganz übel wurde. Seine Gedanken drehten sich wie ein Kreisel und einer widersprach sofort dem
5 nächsten.

Vielleicht konnte sie sich mit dem Mann doch einigen, vielleicht wurde es gar nicht so ernst. Hatten sie überhaupt das Recht, sich einzumischen? Vielleicht hatten sie nur etwas falsch verstanden?

10 Aber wenn der Mann sie umbrachte, wenn er ihr gar nicht mehr die Möglichkeit einer Regelung gab? Wie konnte er das zulassen? Wie konnte er die kleinste Chance vertun, zu helfen, wo doch nur sie beide helfen konnten? Nur sie, weil nur sie davon wussten.

15 Da machte Ella einen großen Schritt nach vorn und fast im gleichen Augenblick stürzte sich auch Max aus dem Busch hervor. Sie rannten zum Eingang und schrien im selben Moment: „Nicht reingehen!"

Vor ihrer Haustür stand Frau Lauterstein, mit dem
20 Schlüssel in der Hand. Sie sah Max und Ella verblüfft an.

„Gehen Sie nicht hinein", sagte Ella nun leiser und in beschwörendem Ton.

„Ein Verbrecher ist durchs Fenster eingestiegen,
25 mit einem Messer in der Hand. Er hat auch Ihren Wagen aufgebrochen."

Frau Lauterstein war merklich verwirrt und wusste nicht so recht, was sie dazu sagen sollte. Es blieb ihr auch nicht viel Zeit, darüber nachzudenken, denn
30 in diesem Moment wurde die Tür heftig von innen

aufgerissen und der Einbrecher erschien auf der Schwelle. Frau Lauterstein machte vor Schreck einen Satz rückwärts und die beiden Freunde drängten sich schutzsuchend an die Hauswand.

„Susanne, gut, dass du kommst. Jetzt will sie, dass ₅ sämtliche ..."

Er stockte, als er den entgeisterten Blick von drei Augenpaaren auf sich spürte.

„Was ist los? Ist was passiert?"

Er sah sie der Reihe nach an und Max glaubte, lang- ₁₀ sam im Boden zu versinken. Susanne, hatte er gesagt, so spricht kein Erpresser. Frau Lauterstein hatte sich inzwischen gefangen und forderte alle drei energisch auf, hineinzugehen.

„Ich hab's wirklich eilig", sagte der Mann und zog ₁₅ Frau Lauterstein am Arm, „wo hast du die Kostüme? Sie will tatsächlich, dass wir alles mitbringen. Ich weiß zwar, dass sie uns nicht mehr lange terrorisiert, aber trotzdem würde ich ihr am liebsten den Hals umdrehen." ₂₀

Frau Lauterstein begann zu lachen. Sie lachte laut und fröhlich, wie Max sie noch nie lachen gehört hatte.

„Aha, deshalb hast du also ein Messer bei dir, aber warum bist du durchs Fenster eingestiegen? Wolltest du schon mal üben?" ₂₅

Der Mann lachte ebenfalls.

„Nein, das muss ich nicht üben, ich hatte den Schlüssel in der Eile liegen lassen, aber ich kenne ja dein verrottetes Fenster. Also, was ist jetzt, ich muss los!" ₃₀

Susanne Lauterstein drehte sich zu ihren zwei Schülern um und sagte bestimmt, aber nicht unfreundlich: „Ihr zwei bleibt bitte da stehen, ich möchte noch mit euch reden."

Ein Geständnis

Ein Teller mit Keksen stand vor ihnen auf dem Tisch und zwei Gläser mit Sprudel. Sie konnten von ihren Gartensesseln aus direkt in den Kirschbaum sehen, in dem eine Vogelschar ein lautes Fest feierte. An ihrem Tisch war es dagegen still geworden. ₅ Max und Ella hatten feuchte Hände vor Aufregung und wussten auch nicht recht, wohin sie schauen sollten.

Susanne Lauterstein sagte nichts. Sie hatte die zwei auf die Terrasse gebeten, ihnen Kekse und Ge- ₁₀ tränke angeboten und dann gesagt: „Und nun erzählt mal alles, von Anfang an". Und Max begann wirklich mit dem Anfang, er verschwieg auch die verunglückte Wasserbombe nicht, und später half ihm Ella und berichtete von den belauschten Telefongesprächen und ₁₅ ihren Vermutungen. Frau Lauterstein unterbrach sie kein einziges Mal und als sie geendet hatten, entstand eine Unheil verkündende Pause. Schließlich sagte sie leise: „Ihr habt euch Sorgen um mich gemacht, nicht wahr? Ihr wolltet mir helfen." ₂₀

Max saß sein schlechtes Gewissen als Kloß im Hals, er konnte nicht antworten.

„Ja", sagte Ella nun leise und fügte hinzu, „es war aber auch spannend."

„Ich verstehe." ₂₅

Sie nickte langsam und schwieg wieder.

„Das musste euch auch alles merkwürdig vorkommen, weil ihr ja gar nichts davon wissen könnt.

Ich habe nie über mich gesprochen. Na ja, ich habe geglaubt, dass sich Schüler sowieso nicht für ihre Lehrer interessieren und sie ihr Wissen höchstens zu meinem Nachteil benutzen würden. Aber das ist trotzdem geschehen. Als du, Max, den Autoschlüssel versteckt hattest, da kam ich zu spät zu einer Theateraufführung, bei der ich mitspielte. Es war zwar eine Aufführung im privaten Kreis, aber es hing sehr viel für unser kleines Theater davon ab."

Ihr Blick schweifte hinüber zum laut umkämpften Kirschbaum und blieb dort eine Weile hängen, bevor sie sich wieder den beiden zuwandte.

„Aber ich sehe ein, dass so etwas passieren kann, wenn man nichts voneinander weiß. Malte hat sicher auch nicht geahnt, was er angerichtet hat, als er mit den offenen Kakaotüten alle meine 50er-Jahre-Requisiten ruiniert hat, die ich mühsam gesammelt hatte. Den Sack nahm ich mit in die Schule, weil auch Herr Schmidt mir einiges an diesem Tag mitbrachte und ich gleich anschließend zu einer Probe wollte."

Sie nahm einen Keks und knabberte nachdenklich daran. Ella sah sie mit großen erstaunten Augen an. Sie konnte es kaum glauben, Frau Lauterstein war in ihrer Freizeit Schauspielerin!

„Herrn Feuerknecht konntet ihr an meinem Wagen beobachten, weil ich etwas vergessen hatte und in meinem Theaterkostüm nicht selbst gehen konnte. Mein Autoschlüssel klemmt manchmal, besonders, wenn man sich nicht gut mit dem Wagen auskennt. Er ist übrigens auch Lehrer, an der Mozartschule. Er

dachte erst, ich hätte die Polizei zu ihm geschickt, wegen einer üblen Geschichte im Theater, dann nahm er an, einige seiner Schüler steckten dahinter."

Frau Lauterstein lachte.

„Dort wäre ich nicht gern Lehrerin. Eure Streiche sind gar nichts dagegen. Übrigens sind sie auch nichts gegen den Ärger, den es im Moment im Theater gibt. Stefan und ich wollen das Theater in der Rosenstraße kaufen. Und die ehemalige Eigentümerin und Noch-Leiterin macht uns große Schwierigkeiten."

Sie lachte wieder.

„Ja, wenn ich es recht überlege, handelt es sich eigentlich tatsächlich um eine Erpressung."

Max und Ella staunten immer mehr. Vor ihnen saß eine Frau, die sie so gar nicht kannten. Ihre Anspannung lockerte sich allmählich. Ella nahm sich auch einen Keks.

„Dann sind Sie uns nicht böse, dass wir Sie beobachtet haben?"

Susanne Lauterstein schüttelte den Kopf.

„Nein, ihr habt es nicht zum Zeitvertreib getan, auch wenn es spannend war, wie du gesagt hast, und auch nicht mit bösen Absichten. Ihr wart sogar sehr verantwortungsbewusst, dass ihr nicht weggeschaut habt, als ginge es euch nichts an. Aber ihr hättet früher mit mir reden können, dann hätte es nicht so viele Missverständnisse gegeben."

Sie schwieg einen Augenblick.

„Aber das ist meine Schuld, dass ihr das nicht konntet."

Sie waren furchtbar aufgedreht, als sie wieder auf dem Heimweg waren. Zum Abschied hatte Frau Lauterstein sie noch mit ihren Eltern zur Generalprobe am Abend ins Theater eingeladen.

„Rosenstraße, das ist doch bei mir in der Nähe", sagte Max jetzt zu Ella, „ich wusste gar nicht, dass dort ein Theater ist – du vielleicht?"

„Ich weiß nicht genau, aber ich glaube, das alte Fachwerkhaus mit der Scheune daneben könnte es sein. Jetzt weißt du jedenfalls, wieso ihr Wagen dort so lange stand. Komisch nur, warum der dir nicht schon früher aufgefallen ist."

„Solche Autos gibt es doch viele, wenn ich ihr nicht die Wasserbombe auf den Kopf geworfen hätte, dann wär' mir auch weiter nichts aufgefallen."

„Und die geheimnisvollen Säcke natürlich!"

Ella kicherte.

Im Nachhinein fanden sie alles sehr lustig, aber sie hatten Frau Lauterstein versprechen müssen, die ganze Geschichte für sich zu behalten. Bis auf ihr Theaterspielen. Darüber wollte sie einmal im Unterricht etwas erzählen.

„Ich würde auch mal gerne in einem Stück auftreten, du auch?"

Max schüttelte energisch den Kopf.

„Nee, ich bin doch nicht verrückt!"

Intrigen

In derselben Zeit schwitzte Georg Blut und Wasser bei dem Versuch, Grillo in sein Zimmer zu locken, ohne dass dies als Absicht verstanden werden könnte. Er war seit Freitag, nachdem sie sich im Park eine Taktik ausgedacht hatten, Grillo nicht mehr wie früher ausgewichen, sondern zeigte sich betont verschüchtert und resigniert, besonders wenn seine Mutter nicht dabei war. Er musste sich dabei sehr zusammennehmen, denn seine Angst war ganz und gar nicht verflogen, aber seine Hoffnung auf einen Ausweg stärkte ihn, seitdem er alles einmal hatte erzählen können.

In seinem Zimmer hatte er die Kladde offen auf dem Schreibtisch liegen. Es war ein Tagebuch. Darin hatte er alle seine Ängste beschrieben und mehr als das, er nahm darin auch schon bestimmte Situationen gedanklich vorweg, indem er sie als das für ihn absolut Unerträglichste darstellte.

Das Tagebuch war sehr neu, es existierte erst seit Freitag, aber das sah man ihm nicht an. Ganz im Gegenteil, und das mit voller Absicht. Außerdem lag ein dickes Buch in der Nähe, das Georg sich von Ella ausgeliehen hatte und in dem einige Seiten mit gelben Klebezetteln markiert waren. Es war das Buch aus der Bibliothek, in dem sehr genau und sehr erschreckend die verschiedensten Voodoo-Bräuche und deren Auswüchse dargestellt waren.

Georg fürchtete den Einfluss des Professors wie nichts sonst, aber nun wollte er ihn gezielt dazu verleiten, genau das auszuwählen, um ihn zu erschrecken, was Georg ihm scheinbar unabsichtlich präsentierte. Natürlich hoffte Georg, dass der Professor bis zu seiner Entlarvung nicht genug Zeit haben würde und der Zauber somit nicht richtig wirken konnte.

Außerdem kann ich mich jetzt wehren, dachte er, schon die Umwandlung der Puppe und dass sie verbrannt ist, hat doch etwas bewirkt.

Aber leicht war es nicht. Doch schließlich biss der Fisch an. Georg konnte aus seinem Versteck beobachten, wie Grillo in seinem Tagebuch las, das dicke Buch zur Hand nahm und darin blätterte.

Es war ein triumphierendes Gefühl zu sehen, dass es klappte, trotzdem brach ihm der Angstschweiß aus. Hoffentlich hat er keine übernatürlichen Fähigkeiten, dachte er, oder eine so gute Nase wie ein Hund, sonst erwischt er mich gleich. Aber nichts geschah. Grillo ging nur mit einem abscheulichen Grinsen auf dem Gesicht aus dem Zimmer.

Nach einer Weile kroch Georg aus der engen alten Spielzeugkiste heraus, die er schon lange nicht mehr benutzte, die aber jetzt, so unscheinbar und halb hinter dem Schrank versteckt, unglaublich wertvoll gewesen war, wenn auch scheußlich unbequem.

Schnell und leise lief er zum Badezimmer, das er vorher leise von außen verschlossen hatte, und gab geräuschvoll vor, es nun erst zu verlassen. Er schob die Kladde und das Buch in eine Schublade, die er abschloss, und ging darauf zu seinem Baumhaus. Nun hieß es abwarten und vor allem, nicht die Nerven zu verlieren.

Eine Verwandlung

AIs Max und Ella zum Mittagessen zu Hause waren, freuten sie sich, endlich mal etwas erzählen zu können. Eine Einladung zu einer Generalprobe erhält man ja nicht jeden Tag. Auch die Neuigkeit, dass Frau
5 Lauterstein in der Freizeit als Schauspielerin auf der Bühne stand, war ein Knaller.

Marlene staunte. Wieso wusste sie nichts von diesem Theater, wo sie doch immer so gut informiert war? Sie freute sich auf den Abend. Auch sonst war
10 sie in Hochstimmung. Ihr Chef hatte angerufen. Er hatte ihren Bericht mit dem Interview, den sie ihm noch Freitagnacht gesendet hatte, schon gelesen und war davon so begeistert, dass er Marlene vorschlug, eine Serie zu diesem Thema zu machen. Sie erwähnte
15 es Ella gegenüber aber nicht, weil sie nicht schon wieder eine Diskussion über Grillo herbeiführen wollte. Doch in ihrem Kopf schwirrten bereits die verschiedensten Pläne für eine Artikelserie herum.

Da ihre Mutter so gut aufgelegt war, fasste Ella die
20 Gelegenheit gleich beim Schopf und fragte, ob sie wie Max mit der Jugendgruppe ins Gebirge reisen dürfte.

„Warum nicht", antwortete Marlene gutgelaunt, „aber ich muss mich erst erkundigen, wer die Gruppe begleitet und wie sie organisiert ist."
25 „Das kannst du ja heute Abend mit den Eltern von Max besprechen. Sie werden auch ins Theater kommen."

Am Abend waren alle sehr gespannt und voller

Vorfreude. Auch Eva, denn sie durfte zum ersten Mal bei Julia übernachten und konnte es gar nicht abwarten. Draußen war es warm und still, in der Luft spürte man schon die Sommerferien. Auf dem Weg zur Rosenstraße trafen sie Max und seine Eltern und gingen 5 gemeinsam fröhlich plaudernd weiter.

Das unscheinbare Theater befand sich tatsächlich in dem Fachwerkhaus mit der angebauten Scheune, wie Ella vermutet hatte. Es waren schon viele andere Gäste anwesend und alle verbreiteten eine be- 10 schwingte Atmosphäre voll Heiterkeit, Anspannung und Freude. Es war ansteckend. Ella schaute sich um und bewunderte die Ausstattung des Raumes und den schönen Vorhang.

Es sah anders aus als in anderen Theatern, aber sie 15 konnte nicht genau sagen, woran das lag. Natürlich am Raum selbst, er war ziemlich klein für ein Theater, aber daran lag es nicht. Vielleicht am Widerspruch zwischen den einerseits sehr einfachen Sitzmöbeln und den andererseits sehr liebevoll hergerichteten 20 Einzelheiten überall. Es gab prächtige Lampen und originelle Bilder an den groben Holzwänden, und auch der Vorhang sah aus wie eine aufwändige und wertvolle Handarbeit. Aber vielleicht war es auch nur die besondere Stimmung, die hier herrschte, eine 25 liebevolle und familiäre Atmosphäre, die an ein Fest unter Freunden erinnerte.

Jedenfalls fühlte sich Ella bald so berauscht davon, dass sie von der Handlung des Theaterstücks, dem sie zuschauen durfte, kaum etwas mitbekam. Sie sah 30

fasziniert auf Susanne Lauterstein, die sie in ihrem Kostüm fast nicht wiedererkannt hätte. Aber es war nicht nur das Kostüm. Ihre Lehrerin war einfach eine andere Person geworden. Sie agierte auf der Bühne
5 auf eine Art und Weise, die Ella bei ihr nie für möglich gehalten hätte. Wieder wunderte sie sich, wie schon am Vormittag. War sie das wirklich? Konnte ein Mensch sich so verwandeln? Sie kannte Frau Lauterstein seit zwei Jahren und hatte nicht geglaubt,
10 dass hinter dem Bild der ernsten, verschlossenen und strengen Lehrerin noch etwas anderes sein könnte. Es war, als hätte Ella bisher nur eine Maske gekannt und für die wirkliche Person gehalten. Jetzt aber erblickte sie die Persönlichkeit dahinter und wunderte sich.
15 Vielleicht, dachte sie erschrocken, hat sie *uns* bisher auch nur so gesehen.

Als kräftiger Applaus erscholl, erschrak Ella fast, so versunken war sie in ihre Gedanken. Die Schauspieler machten eine kurze Pause, in der die Zuschauer sich
20 in den anderen Räumen verteilten oder vor das Theater in die warme Nacht hinaustraten. Das Haus klang wie ein summender Bienenkorb. Die Menschen plauderten und lachten. Auch die Eltern von Ella und Max unterhielten sich angeregt. Max allerdings schien sich
25 eher ein wenig unbehaglich in seiner Haut zu fühlen.

„Was ist los, findest du es nicht auch toll hier?", fragte sie ihn.

„Nee, mir sind hier zu viele Leute und alle sind so aufgedreht. Aber wenigstens weiß ich jetzt, wofür die
30 Stricke, Messer und Masken bestimmt waren."

Ella schnaubte. „*Viele Leute*, im Fußballstadion sind auch *viele Leute* und die sind noch viel aufgedrehter!"

„Ja, aber da haben sie auch einen Grund dazu!"

Die Theaterprobe war erfolgreich. Es hatte keine Pannen gegeben und alle waren begeistert, also konnte die Premiere am Sonntag nur ein Erfolg werden. Morgen würde das Theater bis auf den letzten Platz besetzt sein, und wie man aus den Unterhaltungen der Leute ringsum mitbekam, sollte es eine besondere Premiere werden, da auch ein Theaterkritiker erwartet wurde. Vielleicht wird das Rosentheater ganz berühmt, dachte Ella, und Frau Lauterstein hört auf, als Lehrerin zu arbeiten. Nach gestern hätte sie sich über diese Aussicht gefreut, aber nun war auf einmal alles anders.

Die vier Erwachsenen unterhielten sich auf dem Rückweg sehr lebhaft und lachten viel, Ella aber war nachdenklich und still, genauso wie Max auch. Er war über die Verwandlung von Frau Lauterstein ebenso überrascht gewesen wie Ella, aber er war sich gar nicht sicher, was er davon halten sollte. Erleichterte es nun seinen Umgang mit ihr, zu wissen, dass sie auch ganz anders sein konnte, oder wurde es jetzt nicht noch schwerer, eine Rüge hinzunehmen, wütend auf sie zu sein, ihr Streiche zu spielen? Sie würde sicherlich keine andere Lehrerin werden, bestimmt nicht weniger streng. Oder würde er es nun anders empfinden? Besser – schlechter? Er wusste es nicht und war ziemlich verwirrt. Hätten wir uns nur rausgehalten, dachte er, dann wäre noch alles beim Alten. Aber andererseits, wäre das denn gut?

Gartenarbeiten

Das ist ein richtiger Glücksfall, dachte Georg, als er am Nachmittag mit seinem Fernglas und einem Spiegel den hinteren Teil des Gartens vom Dachboden aus beobachtete. Das könnte ich im Tagebuch benutzen, vielleicht wird das die Sache ins Rollen bringen.   5

Was er da beobachtete, war eigentlich nichts Ungewöhnliches. Hermann Grillo stand mit einem Spaten vor einem Busch und grub dort die Erde um. Georg wusste, da er an der Wohnzimmertür gelauscht hatte, dass seine Mutter Grillo gebeten hatte, ein Loch 10 für eine Pflanze zu graben, die der Großvater ihr kurz vor seinem Tod geschenkt hatte. Das Bäumchen war schon viel zu lange in einem nicht allzu großen Topf dahingekümmert. Im Augenblick aber sah man nur den Professor mit einem Spaten, denn die Pflanze 15 stand noch immer auf der Terrasse.

Georg versteckte Spiegel und Fernglas und lief flink die Treppen hinab in den Garten und zum Baumhaus. Er schlug laut die Haustür zu und machte auch sonst eine Menge Geräusche.   20

Grillo wandte sich nach ihm um. Da stockte Georg plötzlich, als hätte er den Tod gesehen, starrte auf den Spaten, drehte sich um und rannte davon.

Es ist fast nicht nötig, hierüber etwas in die Kladde zu schreiben, dachte Georg. Er hat mir angese- 25 hen, was ich befürchte. Es passt ja haargenau zu dem Brauch mit der vergrabenen Puppe, den wir im Buch mit einem Zettel markiert haben. Noch vor drei, vier

Tagen hätte ich Todesängste ausgestanden, wenn ich
Grillo durch Zufall beim Graben gesehen hätte.

Georg konnte es immer noch kaum fassen, dass
er Hilfe und Verständnis bei Ella und Max gefunden
5 hatte. Er spürte, er hatte den Professor an der Angel,
nur merkte der es noch nicht. Zur Sicherheit holte
Georg doch das Tagebuch hervor. Mit gekonnt zittri-
ger Schrift schrieb er:

Ich weiß nicht mehr, was ich tun soll. Es sind alles
10 *keine Hirngespinste, er will meinen Tod, aber vorher*
hau ich lieber ab, lieber leb ich hier im schlechtesten
Internat, als mit ihm und Mama in einer Villa in Bra-
silien.

Ich hab gesehen, wie er eine Grube gegraben hat. Er
15 *wird die Puppe, die er mit meinem Pullover in seinem*
Arbeitszimmer hatte, dort vergraben, so wie es in dem
Buch beschrieben ist. Nadeln hatte er auch darin, ich
hab's gesehn. Seither schmerzt meine ganze Brust so,
dass ich manchmal kaum atmen kann. In Wahrheit
20 *möchte er mich begraben. Ich weiß es, er will mich los-*
werden. Im Buch steht, dass die Puppe in der Erde ver-
modert und gleichzeitig die Persönlichkeit des Verzau-
berten, dass sie den Verstand verliert. Aber wenn er
doch was anderes gemacht hat? Ich muss mich überzeu-
25 *gen, aber ich weiß nicht, ob ich's ertrage.*

Wenn es stimmt, dann ist alles aus. Mama kann ich
nichts sagen, sie glaubt mir doch nicht. Wenn es stimmt,
werde ich nicht mitfahren, auf keinen Fall, ich kann
nicht.

So, das sollte genügen. Georg atmete tief durch, als er den Stift weglegte. Nun muss ich noch dafür sorgen, dass Grillo ungestört das Tagebuch lesen kann und eine Puppe vergräbt. Wie gut, dass ich Mama nichts von der Stoffpuppe erzählt habe. Grillo wird nichts übrig bleiben, als eine neue herzustellen. Ob er sich wundert, wo die andere Puppe geblieben ist?

Georg steckte die Kladde in die Schublade und schloss die Tür zu seinem Zimmer ab. Er hatte vor einiger Zeit bemerkt, dass auch der Flurschlüssel zu seinem Zimmer passte. Sehr wahrscheinlich würde auch Grillo dies herausfinden.

Am besten gehe ich heute mit Mama zum Einkaufen, dachte Georg, dann weiß Grillo, dass er allein ist. Außerdem muss ich Ella informieren, dass Plan zwei folgt.

Seine Mutter war in der Küche und schrieb einen Einkaufszettel. Während Georg ein Glas Wasser trank, nahm sie einen Einkaufskorb und fragte: „Willst du mitkommen? Ich fahre einkaufen."

„Ja, warum nicht." „Schön, ich sag nur Hermann Bescheid, du kannst schon zur Garage gehen."

Sie verschwand im Garten und Georg beeilte sich, zum Telefon zu kommen, um Ella anzurufen. Sie hätte ihm gern von ihrer Begegnung mit Susanne Lauterstein erzählt, aber Grillo war jetzt wichtiger. Als Georg die Schritte seiner Mutter hörte, legte er schnell auf und lief hinaus zur Garage.

„Ich koche heute etwas Brasilianisches", rief sie ihm zu, während sie das Tor öffnete. „Du wirst es

mögen. Natürlich schmeckt es dort mit all dem fri-
schen, reifen Gemüse und Obst viel besser, das wirst
du erleben, wenn wir in Brasilien wohnen. Es wird dir
so gut gefallen wie mir, da bin ich mir sicher. Es ist ein
5 herrliches Land."

Ja, dachte Georg, das Land bestimmt, aber nicht
die Grille. Fast hätte er gelächelt, als er an den Spitznamen dachte, den Ella Grillo gegeben hatte. Seine
Mutter dachte nur noch an den Umzug, lernte Portu-
10 giesisch, probierte Rezepte aus, suchte Mieter für das
Haus. Über den Brand und seine Ängste wollte sie gar
nicht mehr sprechen. Sie versuchte es zu vergessen
und hoffte, dass Georg sich in Brasilien schon an ihren
Freund gewöhnen würde.

15 Georg hatte sich nicht getäuscht. Kaum war er mit
seiner Mutter weggefahren, da ließ der Professor sein
ungewohntes Arbeitsgerät fallen und stieg die Treppe
zu Georgs Zimmer hinauf. Als er die Tür verschlossen
fand, biss er sich ärgerlich auf die Unterlippe. Doch
20 er brauchte nicht lange, bis er darauf kam, es mit dem
Flurschlüssel zu probieren.

Er suchte nach dem Tagebuch und las mit einem
zufriedenen Nicken den neuen Eintrag. Bei der Er-
wähnung der Puppe stutzte er kurz. Nachdem sie ver-
25 schwunden war, hatte er geglaubt, Georg hätte sie an
sich genommen oder dessen Mutter. Merkwürdig, wo
war sie nur geblieben?

Er legte das Buch wieder an dieselbe Stelle, wo es
gelegen hatte, und wollte gerade das Zimmer verlas-
30 sen, als sein Blick auf einige Fotos fiel, die Georg auf

einer Kommode stehen hatte. Er nahm eines in die Hand und betrachtete es nachdenklich. Es war eine kleine Porträtaufnahme von Georg, die eigentlich zu einem Klassenfoto gehörte, von ihm aber herausgeschnitten worden war. Grillo steckte es kurz entschlossen in seine Tasche und schloss die Tür wieder ab.

Er suchte in Inges Nähkorb nach der Stoffpuppe. Schließlich hatte er sie dort auch vor einiger Zeit entdeckt und war so auf die Idee gekommen. Aber er fand nichts. In seinem Arbeitszimmer kramte er nach geeigneten Materialien und brachte das Ergebnis seiner Arbeit in den Garten. Bis Georg mit seiner Mutter vom Einkauf zurückkam, hatte er den kleinen Baum eingepflanzt und unmittelbar davor noch etwas, das allerdings nicht zum Wachsen bestimmt war.

Ein kleines Grab

Auf der Terrasse stand ein liebevoll gedeckter Tisch. Georgs Mutter Inge hatte vier Kerzen angezündet, obwohl es noch ganz hell war, aber sie hatte vor, das Abendessen bis zum Anbruch der Dunkelheit auszudehnen. Dafür hatte sie vorgesorgt. Mehrere Platten, Schüsseln und Pfannen standen auf einem Warrnhaltewagen in der Nähe, eine Obstschale hielt exotische Früchte bereit, im Eisfach wartete Speiseeis und auch die Kaffeemaschine harrte schon auf ihren Einsatz.

Der Geruch von verschiedenen Speisen lag in der Luft, gemischt mit den Düften der Früchte und der Blumen, die um die Terrasse herum wuchsen und am Abend stets besonders intensiv in die Nase stiegen. Die Flammen der Kerzen flackerten. Inge sah in die Runde und lächelte. Gerade hatte sie noch einen Teller mit Käse gebracht und auf den Tisch gestellt. Zwei kleine Schüsselchen standen daneben, in denen sich eine Art Marmelade befand.

„Na, dann fangen wir mal an", sagte sie strahlend, „hier ist übrigens echter brasilianischer Käse, den man zusammen mit diesem exotischen Obstmus als Nachspeise isst. Reines Glück, dass ich beides aufgetrieben habe. Und ihr ratet niemals, wo!"

Grillo lachte und öffnete seinen Mund. Zweifellos antwortete er auf Inges indirekte Frage, aber Georg hörte nichts. Er saß zwar am Tisch, war aber nicht richtig anwesend. Wenn er zwischen den zwei mittleren Kerzenleuchtern hindurch blickte, konnte er genau auf das neu gepflanzte Bäumchen sehen. Die Erde davor war noch locker und dunkel.

Ich muss mich überzeugen, das hab ich im Tagebuch geschrieben, dachte Georg, er rechnet also damit, dass ich nachsehe, das heißt, wenn er es gelesen hat. Aber was macht er dann? Ist er sich etwa so verdammt sicher, dass ich vor Angst zusammenbreche und aufgebe, in ein Internat gehe? Wie kann er sich so sicher sein, dass ich nicht zu Mama renne und es ihr zeige? Wahrscheinlich würde das auch nichts nützen, sie würde glauben, ich hätte dort selbst etwas vergraben, um ihrem Freund eins auszuwischen. Ich muss seine Tücke beweisen können, aber wie? Ich hatte gedacht, wenn ich Grillo provoziere etwas zu tun, was ich z.B. fotografieren kann, dann hätte ich ihn. Aber das war ein Irrtum, so leicht wird es nicht werden. Und in der Zwischenzeit? Sein Zauber wirkt dann vielleicht doch, er kennt sich schließlich aus und loswerden will er mich auf jeden Fall.

„Georg! Was ist mit dir? Ich habe dich schon zweimal gefragt, ob du auch von den roten Bohnen möchtest."

Seine Mutter schüttelte seine Schulter, Grillo durchbohrte ihn mit seinem starren Blick und alle Geräusche waren plötzlich wieder da. Georg schloss kurz seine Augen und schüttelte dann den Kopf.

„Nein, mir ist nicht gut, ich möchte nichts."

„Georg", seine Mutter flüsterte jetzt fast, „du hast mir versprochen, heute mit uns zu essen und ein wenig zu feiern."

Er warf einen kurzen Blick auf Grillo, der seelenruhig sein Steak klein schnitt. *Feiern.* Der glaubt wohl, dass er schon gewonnen hat, dachte Georg trotzig, aber so schnell kriegt er mich nicht klein.

„Gut, Reis und etwas von den Bohnen."

Es wurde ein langer Abend, zäh und anstrengend. Als die Dämmerung anbrach, durfte er endlich den Tisch verlassen. Er hatte auf Drängen seiner Mutter fast alles kosten müssen, auch den Käse mit den widerlich süßen Gelees. Es fehlte nicht viel und er hätte sich übergeben.

In seinem Zimmer legte er sich auf das Bett und wartete. Irgendwann wäre das Fest ja wohl vorbei und seine Mutter würde alles wieder in die Küche schaffen. Plötzlich erinnerte er sich an die Videos, die Grillo ihnen vor einigen Monaten gezeigt hatte. Sie sollten einen Eindruck von Brasilien vermitteln, Landschaft, Menschen und der Küche des Landes. Aber in Wahrheit wollte er ihn damals schon einschüchtern.

Am Ende des Filmes wurde kurz auf einige Voodoo-Bräuche eingegangen, dort hießen sie Macumba. Man sah einen Mann in Trance tanzen, ein Huhn wurde geopfert, ein Kranker mit Beschwörungen behandelt. Menschen wurden gezeigt, die wie Tote umherwandelten, weil jemand sie mit einem Zauber belegt hatte – sogenannte Zombies. Grillo hatte seine Kommentare dazu abgegeben und hinterher Geschichten erzählt, die ihm eine Gänsehaut nach der anderen über den Rücken jagten. Sehr bald hatte er begriffen, worauf das abzielte. Grillo hatte ihm klargemacht, wie ernst es war und wie gefährlich sein Widerstand ihm gegenüber wäre.

Vielleicht war er trotz allem kurz eingeschlafen, aber er kam mit einem Ruck zu sich, als er glaubte, seine Zimmertür zu hören. Er setzte sich auf und sah auf die Tür. Sie war geschlossen. Geschlossen, aber nicht abgeschlossen. Konnte es sein, dass er hereinkam, wenn er schlief? Sich an sein Bett stellte und ihn betrachtete oder sogar irgendeinen Zauber über ihn sprach?

Er spürte, wie das Entsetzen sich langsam wieder in ihm ausbreitete, genau wie noch vor wenigen Tagen. So ging das nicht weiter, er wollte ihn doch überführen, also musste er sich zusammenreißen. Georg stand auf und schaute auf die Uhr, es war halb eins. Wahrscheinlich war es Mama, die nach mir gesehen hat, dachte er jetzt, oder ich habe die Schlafzimmertür gehört. Das ist eigentlich am wahrscheinlichsten. Nur die Ruhe bewahren!

Er zwang sich dazu, noch einige Minuten abzuwarten, bevor er auf den Flur trat. Es war alles still im Haus, nirgends drang Licht durch die Türritzen. Leise ging Georg noch einmal in sein Zimmer und holte eine Taschenlampe aus dem Schrank und eine kleine Schaufel, die er sich schon am Nachmittag besorgt hatte. Den Fotoapparat hängte er sich um den Hals. Da das Schlafzimmer seiner Mutter genau wie seines zur Straße gelegen war, hoffte er, dass niemand den Fotoblitz bemerken würde. Die Nachbarn würden vielleicht an ein heraufziehendes Gewitter denken, falls überhaupt noch jemand wach war.

Wie verändert doch alles durch die Dunkelheit der Nacht war! Der Garten erschien anders und auch die Geräusche waren fremd. Das Rascheln der Blätter an den Bäumen klang fast aufdringlich, als wäre dort eine geheime Unterhaltung im Gange.

Georg ging langsam in Richtung des kleinen Baumes über den Rasen. Er konnte ihn noch nicht sehen, wagte aber nicht, die Taschenlampe anzuknipsen. Merkwürdig, dass es so dunkel war. Georg schaute zum Himmel, konnte aber weder Mond noch Sterne erkennen. Am Abend hatte es noch kaum Wolken gegeben, aber jetzt schienen sie alles Licht des Himmels zu schlucken. Fast wäre Georg über einen niedrigen Busch gestolpert, als er das Bäumchen plötzlich sah.

Er legte seine Hand auf die Erde. Ja, hier war gegraben worden, der Boden war weich und feucht. Es machte keine Mühe, hier etwas auszugraben, seine Schaufel drang leicht in die lockere Erde. Aber war hier überhaupt etwas vergraben? Georg schaufelte ziellos die Erde heraus und wusste nicht, wie tief er gehen müsste. Auf einmal aber stieß die Schaufel auf etwas, wobei ein leises dumpfes Geräusch entstand. Er legte sie weg und tastete mit seinen Fingern nach dem Gegenstand. Er war so überzeugt gewesen, dass Grillo wieder eine Puppe verwenden würde, dass er zunächst nicht begriff, was er da fühlte. Umso überraschter war er, als er erkannte, dass es sich um Papier handelte, genauer gesagt, um Pappe.

Hatte Grillo hier ein Buch oder Heft verbuddelt? Und warum? Georg wischte mit der Hand darüber und

entschloss sich, die Taschenlampe anzuschalten. Er kniete auf dem Boden, direkt über dem Erdloch, und vielleicht vergrößerte diese Nähe noch sein Entsetzen. Er riss unwillkürlich den Mund auf und zog zischend die Luft ein. Im tanzenden Lichtkegel sah er – sich selbst! Sein Gesicht haftete an einer Menschenfigur, die aus Pappe geschnitten war. Seine Hand zitterte, aber nach einigen Schrecksekunden brachte er es doch fertig, die Kamera auf den furchtbaren Anblick zu richten und ein Foto zu machen. Der Blitz zerriss für einen kurzen Moment die Dunkelheit ringsum. Hastig schob Georg die Erde wieder über die Pappe, die sein Gesicht trug. Er war froh, dass es zu dunkel war, um dabei zuzusehen, wie die Erde auf seine Augen fiel.

Als er schließlich wieder nach seiner Taschenlampe griff und sich aufrichtete, ließ ihn ein lautes Rascheln unmittelbar hinter ihm zusammenfahren. *Jetzt ist er da, alles ist aus!* Georg schloss kurz die Augen vor Angst und wagte nicht sich zu bewegen. *Was wird er jetzt mit mir machen?* Da hörte er ein seltsames Quieken und drehte sich langsam um. Zwei Igel trippelten direkt vor seinen Füßen vorbei. Eine Hitzewelle überlief seinen Rücken und mit seltsam weichen Beinen stolperte er zum Haus zurück.

Interessante Spuren

„*Was* hat er vergraben?"

Ella konnte es noch immer nicht fassen und glaubte, sich verhört zu haben.

„So ein Ekelpaket! Dem werden wir es aber zeigen."

Sie konnten wieder nur kurz miteinander sprechen, während Grillo bei einem Bäcker in der Nähe, der sonntags geöffnet hatte, Brötchen holte. Ella hätte zu gern über die gestrige Theateraufführung gesprochen und über das Gespräch mit Frau Lauterstein, aber sie musste es aufschieben.

„Weißt du was, komm doch heut nach dem Essen zu mir. Ich sag auch Max Bescheid und dann können wir uns was überlegen. Am besten wär's, wenn die Grille mit deiner Mutter ausginge. Dann könnten wir uns ein bisschen bei ihm umsehen. Er kann ja glauben, du wärst die ganze Zeit bei mir oder Max."

Georg ließ sich das durch den Kopf gehen.

„Okay, ruf mich an, damit er es auch mitkriegt."

Georg legte gerade noch rechtzeitig auf, bevor seine Mutter aus dem Bad kam. Sie sang. Um ihr nasses Haar hatte sie ein buntes Handtuch als Turban geschlungen und ihr Gesicht strahlte.

„Zwei Apfelsinen im Haar und an den Hüften Bananen ..."

Sie machte ein paar Tanzschritte in seine Richtung, schnappte ihn am Arm und drehte ihn einmal im Kreis herum.

„Hast du gut geschlafen, mein Schatz? Ach, was freue ich mich aufs Frühstück. Ich glaube, wir können wieder draußen essen, wie schön!"

Sie tanzte weiter zur Küche und Georg kam zum ersten Mal ein unangenehmer Gedanke. Seine Mutter würde unglücklich sein, wenn er Grillo entlarvt hatte. Was für ihn die Befreiung bedeutete, wäre für sie eine Katastrophe.

Das Telefonklingeln kam im richtigen Moment. Sie saßen alle drei auf der Terrasse und waren soeben mit dem Frühstück fertig, das heißt, Georg beschränkte sich auf eine Tasse Kakao. Sein Appetit war nach dieser schlaflosen und schreckerfüllten Nacht nicht besonders groß. Er vermied es, den Professor anzusehen, der seinerseits ständig prüfende Blicke zu Georg hinüberwarf. Als es klingelte, ging Grillo zum Telefon und meldete sich. Kurz darauf rief er Georg.

„Dein Schulfreund Max will wissen, ob du heute zu ihm kommst."

Georg nickte. Grillo gab ihm den Hörer und ging wieder auf die Terrasse zurück. Sie hatten unverschämtes Glück. Gerade als Georg aufgelegt hatte, hörte er, wie seine Mutter Grillo einen Ausflug nach dem Essen vorschlug.

„Da Georg verabredet ist, könnten wir doch auch ausgehen. Ich würde so gern wieder mal zum Mühlensee fahren. Da gibt es auch so leckere Torten in dem gemütlichen Cafe am Ufer, erinnerst du dich?"

Es lief alles wie beabsichtigt. Inge freute sich auf den Sonntagsausflug und beeilte sich mit den Vorbereitungen. Gleich nach dem Mittagessen, an dem Georg schweigend teilgenommen hatte, machte er sich auf den Weg zu Ella. Max war auch schon da und beide bestürmten ihn sofort mit Fragen. Er konnte endlich ausführlicher erzählen, was er bisher erlebt hatte. ₅

„Na, es läuft doch prima. Warum bist du so niedergedrückt?"

Ella konnte Georgs Verhalten nicht recht verstehen. Alles verlief doch bis jetzt nach Plan. ₁₀

„Meine Mutter wird es nicht glauben. Ein Foto beweist noch gar nichts."

„Warum hast du die Pappfigur im Boden gelassen? Das wär doch ein Beweisstück", fragte Max.

„Die hätte ich ja auch selbst machen und vergraben ₁₅ können, was soll das schon beweisen?"

Es entstand eine Pause. Ja, es war wohl doch schwieriger, als sie gedacht hatten, aber aufgeben würden sie nicht. Ella sprang auf.

„Kommt, wir gehen hin und untersuchen sein Zim- ₂₀ mer. Irgendwas muss doch gegen ihn zu finden sein."

Unterwegs erzählten sie Georg ihre Neuigkeit, dass Frau Lauterstein Theater spielte und sie sogar die Generalprobe sehen durften. Georg wunderte sich auch, aber bei weitem nicht so sehr wie Ella und Max. ₂₅ Er war seit Monaten schon so sehr mit sich selbst und seiner Angst beschäftigt, dass er alle Menschen nur sehr oberflächlich wahrgenommen hatte.

Beim Stichwort ‚Theater spielen' hatte Ella plötzlich eine Idee. ₃₀

„Du musst ihm nicht nur im Tagebuch was vor-
spielen, sondern in Wirklichkeit. Wenn du ihn provo-
zieren könntest, so dass er jede Vorsicht vergisst, so
unter vier Augen, dann sagt er vielleicht etwas, was
ihn verrät. Und das kannst du aufnehmen, oder wir,
wenn wir heimlich dabei sein könnten."

Das klang gut, das mussten sie zugeben.

„Aber wie sollen wir das machen?"

„Marlene hat ein kleines Aufnahmegerät, das sie
bei Interviews benutzt."

„Und wie soll ich es schaffen, dass er sich verquatscht?"

„Da fällt uns schon was ein. Vielleicht finden wir
ja was."

Vor dem Haus überzeugten sie sich zuerst davon,
dass wirklich niemand da war. Außerdem mussten
sie sich bemühen, keine Spuren zu hinterlassen und
nahmen deshalb ihre Schuhe in die Hand. Auf diese
Weise schlichen sie in Georgs Zimmer, weil sie sehen
wollten, wie er sich versteckte und was er in die Kladde geschrieben hatte.

„Unverschämt, dass er einfach dein Zimmer auf-
schließt", sagte Max, „schließlich ist er doch Gast bei
euch."

„Wo war denn das Foto, das er geklaut hat?"

Ella blickte sich um und Georg zeigte zur Kommode bei der Tür.

„Es stand immer bei den anderen dort."

Ella sah sich die Fotos an, als Georg hinter ihr plötzlich aufschrie. „Verdammt, das gibt es doch nichtl"

„Was ist denn?"

Georg starrte auf ein kleines Bild, das sein Gesicht zeigte, und für einen kurzen Moment sah er wieder die erdverschmierte Figur aus Pappe vor sich, die ihm mit *seinem* Gesicht aus dem Lichtkegel entgegen blickte. Ein Frösteln lief ihm über den Rücken.

„Das ist es, das Foto fehlte noch bis heut Mittag. Er muss es ausgegraben und wieder hierher gestellt haben."

Während Georg auf das Foto wie auf eine Erscheinung blickte, nahm Ella es bereits aus dem Rahmen heraus und untersuchte es.

„Hier, sieh mal, da ist ja noch Erde dran."

Tatsächlich, auf der Rückseite des Fotos klebten winzige Erdkrumen.

„Er muss vorne irgendeine Folie oder so was drüber gelegt haben, sonst wäre es ganz schmutzig geworden."

„Lasst uns in seinem Zimmer nachsehen, ob wir da die Pappe finden. Irgendwo müssen ja auch noch Reste sein."

Sie folgten Max, der langsam ungeduldig wurde, aus dem Zimmer und gingen unter Georgs Führung zum Arbeitszimmer des Professors. Es war nicht abgeschlossen. Sie schauten in den Papierkorb, auf den Schreibtisch und in die Schubladen, aber sie konnten weder die Figur aus Pappe noch Pappeschnipsel finden. Alles war penibel aufgeräumt.

„Wenn sich hier bloß keine Staubfluse bewegt", sagte Ella, „sonst merkt er garantiert, dass hier jemand war."

Sie zog ein Gesicht. Die Atmosphäre dieses Raumes gefiel ihr ganz und gar nicht. Es lag überhaupt nichts herum. Der Tisch war so blank und leer, als wäre sein Besitzer für mindestens ein Jahr verreist. Max ging
₅ am Regal entlang und sah sich die Bücher an. Ein Buch stand etwas hervor, anscheinend hatte sein Leser wenig Zeit gehabt, es wieder richtig in die Reihe zu schieben. Neugierig zog Max es heraus, um zu sehen, ob es vielleicht interessanter wäre als die anderen
₁₀ Wälzer. Doch er stieß auf etwas viel Interessanteres. Hinter dem Buch steckte eine Blechkassette.

„Schaut euch das hier an!"

Er nahm die Kassette in die Hand und versuchte sie zu öffnen. Es ging nicht. Sie war abgeschlossen
₁₅ und kein Schlüssel war zu sehen.

„Da ist ja auch Erde dran", rief Ella aufgeregt und zeigte auf einige schmutzige Fingerabdrücke. „Wetten, dass da das Pappdings drin ist?"

Max steckte die Kassette wieder an ihren Platz und
₂₀ schob das Buch genauso in die Lücke, wie es gestanden hatte.

„Da ist der Beweis drin, besser könnte es nicht sein. *Du*, Georg, hättest jedenfalls nichts dort rein legen können. Wenn du es nun schaffst, ihn so herauszu-
₂₅ fordern, dass er was sagt, was wir aufnehmen können, dann ist er geliefert. Du spielst es deiner Mutter vor und sagst ihr, er soll euch einfach den Inhalt dieser Kassette zeigen."

Sie drehten sich zu Georg um, weil er so still war.
₃₀ Er stand neben einem Sessel, an den eine Aktentasche

gelehnt war. In seinen Händen hielt er einige Papiere und starrte ungläubig darauf.

„Was hast du da?" Ella näherte sich und schaute ihm über die Schulter.

„Er hat zwei Flugtickets nach Brasilien bestellt, zwei, versteht ihr. Er ist sich schon sicher, dass sie mich hier lassen."

Er schüttelte traurig den Kopf. „Das wird meiner Mutter nicht gefallen. Ich glaube nicht, dass sie davon weiß."

Sie hätten glücklich sein und triumphieren können, dass sie es geschafft hatten, aber trotz allem waren sie seltsam bedrückt, als sie das Haus wieder verließen. Den restlichen Nachmittag wollten sie am Fluss verbringen. Um Georg und auch sich selbst auf andere Gedanken zu bringen, erzählten sie ihm, wie sie Frau Lauterstein und den vermeintlichen Erpresser beobachtet hatten, wie sie im Auto gefangen gewesen waren und was sie alles spekuliert hatten.

Auch Georg lachte mit, aber zum Schluss sagte er wieder ernst: „Wenn's doch auch bei mir nur lauter Missverständnisse wären, aber es ist leider die Wahrheit."

Sie überlegten wieder, wie Georg Grillo zum Reden bringen könnte, aber bei jedem Vorschlag fanden sie einen Haken. Er müsste eben improvisieren und darauf vertrauen, dass ihm zur rechten Zeit das Richtige einfiele.

„Ich werde dir für alle Fälle heute das Aufnahmegerät meiner Mutter mitgeben. Sie braucht es im Moment nicht und wird es nicht merken."

Eigentlich bedauerte Ella, dass es so gar keine Möglichkeit gab, im entscheidenden Augenblick bei Grillo Mäuschen zu spielen.

Es wurde Abend. Die Flusswiesen leerten sich, nur der Abfall blieb traurig liegen und wartete auf Wind, um sich leichter verbreiten zu können. Krähen kamen zögernd und hüpften neugierig zu Papiertüten und Bananenschalen. Die drei Freunde brachen auf.

Vor Ellas Haustür verabschiedeten sie sich und wünschten Georg Glück. Das kleine Gerät in seiner Tasche empfand er dabei wie einen Talisman. Ella hatte ihm noch schnell erklärt, wie es funktionierte. Es war nicht schwer. Schwer war etwas anderes. Der Gang nach Hause, wo jemand nur darauf wartete, dass er endlich aufgab.

Wer anderen eine Grube gräbt ...

Im Haus war es sehr still. Die leisen Geräusche des Fernsehers, die aus dem Wohnzimmer drangen, betonten nur noch die unheilvolle Stille. Jeder der drei befand sich in einem anderen Raum. Grillo hatte sich nach dem Essen in sein Arbeitszimmer zurückge- 5 zogen, da er sich auf einen Vortrag vorbereiten müsse. Inge war nach dem Ausflug müde und sah sich auf dem Sofa liegend einen Fernsehfilm an. Und Georg – ja, er war auch in seinem Zimmer, voller Unruhe, Ungeduld und Angst, vielleicht alles zu verpatzen. 10

Das Aufnahmegerät in seiner Hosentasche, um das sich unablässig seine Hand krampfte, war inzwischen schweißnass. Nein, er wollte und konnte nicht länger warten, er musste es einfach versuchen und alles auf eine Karte setzen. Denn wenn er Grillo seine Intrige 15 nicht beweisen konnte und der statt dessen seiner Mutter einredete, dass ihr Sohn krank war, abergläubisch und feindselig, dann konnte der Kerl erreichen, was er die ganze Zeit beabsichtigt hatte – Georg, zu seinem vermeintlich Besten, in einem Internat, einer 20 *Anstalt*, unterzubringen und dann mit ihr nach Brasilien zu verschwinden.

Georg verließ sein Zimmer und ging die Treppen hinab. Kurz vor der Tür des Arbeitszimmers zögerte er noch einmal kurz, dann schaltete er das Gerät ein 25 und öffnete die Tür. Grillo saß an seinem Schreibtisch vor einem Notizblock und zwei Büchern. Er sah überrascht auf. Georg hätte er nicht erwartet, schon gar nicht ohne ein zaghaftes Anklopfen. Georg schloss leise die Tür hinter sich. Er sah Grillo an, bemerkte seine Überraschung und hatte auf einmal gar keine Angst mehr. Er fühlte sich seltsam leicht.

5 „Ich muss mit dir reden."

„Ach ja? Worüber denn?"

„Das weißt du sehr gut. Ich lass mich nicht länger verzaubern. Ich will nicht verrückt werden."

„Wie meinst du das?"

10 „Ich werde mich wehren, auf die gleiche Art. Ich habe mich informiert und in der Landesbibliothek einige Bücher gelesen. Ich habe auch eine Puppe vergraben. Sie sieht aus wie du, trägt Dinge, die ich dir weggenommen habe. Sie wird verrotten und du weißt

15 nicht, wo sie ist. Mal sehen, wie es dir dann bald geht."

Grillo starrte ihn an, immer noch überrascht, und brach dann plötzlich in ein schallendes Gelächter aus. Georg wusste nicht mehr weiter.

20 „Oh, da fürchte ich mich aber schon sehr."

Er lachte wieder.

„Meinst du, es wäre so einfach, jemanden zu verzaubern?"

Georg schwieg.

25 „Du verstehst *gar nichts* davon. Dein Hokuspokus ist wirkungslos. Da muss man bei jemandem in die Lehre gegangen sein und den nötigen Geist und Mut mitbringen. Das alles fehlt dir völlig, mein Lieber. Außerdem bildest du dir eine Menge ein, du hast eine

30 sehr rege Phantasie."

Georg sah seine Felle davon schwimmen und vergaß jede Vorsicht.

„Dass du eine Puppe mit meinem Foto vergraben hast, bilde ich mir nicht ein und auch nicht, dass du nur zwei Flugtickets bestellt hast." 5

Grillo verzog sein Gesicht zu einer Grimasse der Wut.

„Du kleiner Schnüffler, hast du etwa hier irgendwas angefasst?"

Der Professor konnte es nicht fassen. Was nahm 10 sich dieses feige Kerlchen plötzlich heraus. Er konnte ihn nicht mehr ertragen. Vom ersten Moment an hatte ihn dieser Junge abgelehnt. Was er auch versucht hatte, um sich oder Brasilien, wo er schon so lange lebte, interessant zu machen, war bei ihm auf 15 Granit gestoßen. Das Bürschchen wandelte herum als schweigende Anklage, als die Verkörperung des Leids. Er würde nicht nach Brasilien gehen, hatte er gleich zu Anfang seiner Mutter gesagt, und jetzt beschwert er sich, dass ich ihn nicht mitnehmen will. 20

Grillo schnaubte vor unterdrücktem Zorn. Wenn er sowieso nur Schlechtes von ihm befürchtet hatte, so sollte er es eben auch bekommen. Spüren sollte er, wer hier die Macht hatte. Er hatte ihn einschüchtern wollen, ja, damit er endlich klein beigibt. Und jetzt 25 droht der *ihm*? Ihm?

„*Du* wirst dich sehr bald schlecht fühlen, weil ich im Unterschied zu dir Erfahrung auf diesem Gebiet habe. Und ich rate dir, wenn du nicht vollkommen dein bisschen Verstand verlieren möchtest, dann 30 ordne dich endlich unter. Ich habe noch jede Menge weiterer Mittel, um dir das Leben schwer zu machen und *niemand*, ich sage niemand, wird dir jemals glauben!"

5 Georg biss die Zähne zusammen, um nichts zu sagen. Er hatte genug gehört. Wortlos ging er aus dem Zimmer und schloss sorgsam die Tür hinter sich.

Er konnte nicht schlafen. Die Tür zu seinem Zim-
10 mer hatte er abgeschlossen, trotzdem hatte er Angst. War es vielleicht falsch gewesen, nicht sofort mit der Aufnahme zu seiner Mutter zu gehen? Doch er fürchtete die Konfrontation mit Grillo und auch dessen Überzeugungskraft. Wer weiß, was er seiner Mutter
15 eingeredet hätte. Sollte er doch jetzt lieber glauben, dass er vor Angst nicht mehr aufmuckte. Morgen, wenn Grillo zu seinem Vortrag fuhr, würde er mit seiner Mutter sprechen.

Konfrontation Gegenüberstellung, Auseinandersetzung

Aber wenn der nun die Beweise aus seiner Kassette
20 verschwinden ließ? Doch die Aufnahme und das Foto mussten eigentlich ausreichen, den feinen Professor zu entlarven. Nur – wenn seine Mutter es einfach nicht glauben *wollte*? Daran durfte er jetzt nicht denken. Es gab einen Fotoschnelldienst in der Nähe, dort
25 würde er als erstes hingehen. Die Schule war nicht so wichtig, morgen würde anderes auf dem Stundenplan stehen.

Ein langer Nachmittag

Ella war unruhig, immer wieder sah sie zu Georgs Platz hinüber, aber der blieb leer. Was war nur passiert? Sie war erleichtert, als endlich die Schulglocke läutete und sie zum Telefonhäuschen laufen konnte. Aber bei Georg zu Hause meldete sich niemand. Das ₅ konnte nichts Gutes bedeuten. Schnell lief Ella auf den Schulhof zurück und suchte Max. Er stand mit Tom und Malte unter einem Baum und sah sich Sammel-Karten an, die Tom ihnen zeigte.

„Georg ist nicht da", rief Ella ihm sofort zu, „und ₁₀ bei ihm zu Haus meldet sich auch niemand."

Max sah alarmiert auf, aber Malte sagte abfällig: „Dann ist er in der Klapse, ist doch klar, so wie der immer drauf ist."

„Halt doch den Mund", fuhr ihn Max an, „du hast ₁₅ ja keine Ahnung."

Malte war erstaunt über diesen Ausbruch. Georg hielt er nicht für wichtig genug, um seinetwegen so viel Aufstand zu machen. Auch Tom sah jetzt beide überrascht an. ₂₀

„Wen interessiert denn dieser Langweiler? Ob der da ist oder nicht – ist doch egal."

Ella schnellte wie eine Furie zu ihm und fauchte ihn an:

„Du und deine bescheuerten Karten sind langwei- ₂₅ lig und *uns* interessiert es, weil wir nicht so stumpfsinnig sind wie ihr!"

Damit drehte sie sich um und rannte auf den

Schuleingang zu. Max folgte ihr, während die beiden anderen mit offenem Mund hinter ihnen hersahen.

„Was willst du machen?"

Ella zuckte die Schultern.

„Wir können ja jetzt nicht abhauen, um hinzugehen. Aber ich hab kein gutes Gefühl dabei. Dieser falsche Hund ist vielleicht gefährlicher als wir dachten. Wer weiß, am Ende ist er irgendwie geisteskrank und tut Georg was an, so was gibt's doch."

Sie erschrak selbst, bei dem was sie noch dazufügte.

„Oder er hat es schon getan!"

Beide sahen sich angstvoll an.

„Wir sollten jemanden um Hilfe bitten", sagte Ella. Und nach einem kurzen Zögern: „Vielleicht gehen wir zu Frau Lauterstein?"

Max zögerte kurz und nickte dann wortlos.

Sie stiegen die Treppen zum Lehrerzimmer hinauf. Susanne Lauterstein war überrascht, als die zwei Schüler sie mit sorgenvollen Gesichtern um ihre Hilfe baten. Und sie war verwirrt; es war bestimmt schon über zehn Jahre her, dass Schüler sie um Rat gebeten oder sich überhaupt an sie gewandt hatten.

Sie bat die beiden in eine ruhige Ecke und ließ sie reden, ohne Fragen zu stellen. Zunächst kam ihr alles sehr chaotisch vor und sie konnte sich keinen Reim darauf machen. Aber nach und nach verstand sie einigermaßen, worum es ging.

„Ich werde sofort dort anrufen", sagte sie und ging

zu einem Telefon, das an der gegenüberliegenden Wand hing.

Nachdem sie sehr lange gewartet hatte, meldete sich, kurz bevor sie auflegen wollte, doch noch eine Stimme. Eine sehr leise, etwas verweinte Stimme. Georg gehe es gut, er käme aber aus familiären Gründen heute nicht zum Unterricht. Frau Lauterstein sagte, dass sich auch zwei Freunde von Georg Sorgen machten, die jetzt bei ihr seien. Die andere Stimme schwieg.

„Brauchen Sie vielleicht Hilfe, Frau Lehnbach?"

Wieder Schweigen, dann ein tiefes Aufseufzen.

„Ich glaube nicht, aber vielleicht könnte Georg nach dem Unterricht zu Ella gehen? Vielen Dank für Ihr Angebot und auch für Ihren Anruf."

Es wurde aufgelegt. Frau Lauterstein war sehr nachdenklich. Sie ging zu Ella und Max zurück und berichtete ihnen, was Inge Lehnbach gesagt hatte.

„Es war sehr richtig, dass ihr euch an mich gewandt habt, und ich danke euch für euer Vertrauen."

Max sah betreten auf den Boden.

„Bitte richtet auch Georg aus, dass er gern zu mir kommen kann, falls er Hilfe braucht."

Es wurde ein langer Nachmittag. Sie trafen sich alle drei bei Ella und warteten voller Unruhe, was nun weiter geschehen würde. Georg brauchte nicht lang, um ihnen alles zu erzählen.

Frühmorgens war er zum Fotogeschäft gegangen, um das nächtliche Foto schön groß ausdrucken zu lassen. Es ging sehr schnell, weil noch keine anderen Kunden da waren und der Fotohändler Georg ansah, dass es sehr wichtig und eilig war. Als er zurückkam, hatte Grillo bereits das Haus verlassen und Georg ging zu seiner Mutter. Er erzählte ihr jetzt auch von der Stoffpuppe, die dann später verbrannt war, schilderte, wie er den Professor beim Lesen seines Tagebuches beobachtet hatte, und von seiner nächtlichen Entdeckung im Garten. Er erwähnte auch die Kassette und die Erdspuren.

Seine Mutter hatte die ganze Zeit den Kopf geschüttelt und wollte ihn mehrmals unterbrechen und Erklärungen anbringen, aber Georg ließ es nicht zu. Stattdessen zeigte er ihr das Foto und spielte die Bandaufnahme vor.

„Sie hat dann nichts mehr gesagt, vollkommen durcheinander war sie. Hat mich nur lange umarmt und mich dann gebeten, sie allein zu lassen."

Georg schwieg und schaute auf seine Füße.

„Ich glaube, sie hat geweint."

Schließlich hatte Inge ihn zu Ella geschickt und gesagt, sie möchte gern allein mit Grillo reden und werde ihn später abholen. Und nun saßen sie hier und wussten nicht, womit sie sich beschäftigen sollten. Nichts war geeignet, sie von ihrer Unruhe und Ungeduld abzulenken.

Durch das Fenster schien die Sonne herein und malte Lichtkreise an die Wände, man konnte Vögel singen und Eva und Julia in ihrem Schwimmbecken kreischen hören, aber sie nahmen nichts wahr, außer ihren eigenen Gedanken.

Georg stand auf und ging im Zimmer hin und her, bis Ella es nicht mehr aushielt.

„Ich muss jetzt wenigstens was essen. Kommt runter in die Küche, wir machen uns Waffeln."

Sie hatten ihre Waffeln gerade in Gesellschaft von Eva, Julia und auch Marlene, die vom Waffelduft angelockt ihr Arbeitszimmer verlassen hatte, aufgegessen, als es an der Tür klingelte. Georgs Mutter war sehr blass und hatte rote Augen, als sie zu ihnen an den Tisch trat. Bei Marlene, der man noch nichts erzählt hatte, richteten sich sofort sämtliche Antennen auf. Sie schickte die zwei Mädchen hinaus und bot Frau Lehnbach Kaffee an. Sie nickte und legte ihren Arm um Georgs Schulter. Er sah sie fragend und ängstlich an, doch sie lächelte.

„Du kannst mitkommen, er ist nicht mehr da und kehrt auch nicht wieder zurück."

Der Berg ruft!

Dienstag früh hatte Marlene eine schlaflose Nacht hinter sich. Sie hätte schwer glauben können, was Ella ihr, nachdem die Gäste gegangen waren, alles erzählte, wenn sie nicht Inge Lehnbach gesehen hätte. Wie war
5 so etwas nur möglich? Die ganze Nacht dachte sie über ihren Bericht nach, der am Mittwoch erscheinen sollte, und über ihre Artikelserie, für die sie auch schon einiges fertig hatte. Ihr Chef rechnete fest mit ihrer Arbeit und erhoffte sich einen Verkaufserfolg für die
10 Zeitschrift. Und auch für sie wäre es ein Erfolg. Eine ganze Serie! Darauf hatte sie schon lange gewartet.

Ella hatte es an diesem Morgen sehr eilig, in die Schule zu kommen, denn sie hoffte von Georg noch einiges erzählt zu bekommen. Jetzt, wo die Grille keine
15 Gefahr mehr darstellte, konnte sie ihre Neugier wieder unbelastet genießen. Beim Frühstück schaffte sie es kaum stillzusitzen und packte sich Bananen, Äpfel und ein Brötchen in ihre Schultasche, weil sie keine Geduld zum Brote schmieren hatte.

20 „Muss ich heute auch Eva abholen?"

Sie sah ihre Mutter an, die mit übermüdetem Gesicht am Tisch saß und sie anscheinend nicht gehört hatte.

„Ich weiß, es ist Dienstag, aber gerade heute ... na,
25 du weißt ja, ich würde gern ... Mama! Du hörst ja gar nicht zu!"

Marlene sah auf, als würde sie gerade erst erwachen, sagte aber plötzlich mit sehr fester Stimme:

„Nein, um Eva kümmere ich mich. Und um einiges andere auch. Ich werde mit meinem Chef sprechen. Ich ziehe meinen Bericht und das Interview zurück. Die Serie über Voodoo werde ich auch nicht machen. Kein Wort mehr über Hermann Grillo."

Ella sah sie verwundert an. Die Arbeit ihrer Mutter hatte sie in der Aufregung ganz vergessen. Aber sie ahnte, was diese Entscheidung für sie bedeutete. Marlene sah, wie erstaunt ihre Tochter war.

„Weißt du, ich kann nicht einfach darüber hinwegsehen, was dieser Mann getan hat. Er ist doch Professor, ein Wissenschaftler, aber er hat sein Wissen und die uralte Voodoo-Kultur missbraucht und vor allem auch das Vertrauen ihm nahestehender Menschen."

In der großen Pause zogen sich die drei Freunde in den ruhigsten Winkel zurück, den sie finden konnten, und hörten gespannt Georg zu.

Seine Mutter hatte ihm von ihrem Gespräch mit Grillo erzählt. Der hatte erst leugnen wollen, aber als er seine Stimme auf Band hörte, begann er sich zu verteidigen und Georg schlecht zu machen. Inge verlangte, den Inhalt der Kassette zu sehen, die tatsächlich noch an der gleichen Stelle stand. Er war sich seiner Macht wirklich sehr sicher gewesen. Schließlich hatte sie den Kasten selbst aufgeschlossen und die Figur aus Pappe, die noch ganz mit Erde verschmiert war, darin entdeckt.

„Übrigens neben einigen anderen Dingen, die er noch benutzen wollte. Ach ja, fast hätte ich es vergessen. Ich weiß jetzt auch, woher die Stoffpuppe stammt. Die hat er nicht selbst angefertigt, sondern meine Mutter."

„Deine *Mutter*?"

Wie aus einem Mund erklang dieser verwunderte Ausruf.

„Ja, aber schon vor sehr langer Zeit. Es war eine Handarbeit, die sie in der Schule gemacht hat, und zwar sollte die Puppe ihren Bruder darstellen. Später hat sie die als Nadelkissen benutzt und dann vergessen. Meine Mutter näht ja nie."

Georg lachte. Es war schön, ihn lachen zu sehen, dachte Ella.

Es läutete und der Unterricht war für heute vorbei. Nur noch drei Tage bis zu den großen Ferien. Ella schaute zu Marie hinüber und stand eilig auf.

„Hast du Lust, heute Nachmittag zu mir zu kommen? Ich hab dir so viel zu erzählen."

Fast hielt sie den Atem an, weil sie nicht sicher war, wie Marie reagieren würde. Wäre sie beleidigt, dass Ella sich erst jetzt wieder an sie wandte? Aber sie konnte doch nichts dafür, es war so viel passiert. Marie lächelte sie an.

„Gerne. Ich bin schon sehr neugierig, Malte hat nämlich jedem, der es hören wollte, erzählt, du wärst verrückt geworden. Aber ich habe ihm gesagt, wer verrückt ist, kann gar nicht bemerken, ob andere es sind. Das hat er aber nicht verstanden!"

Sie lachten beide. Ella war glücklich. Ja, Marie war und blieb ihre Freundin, egal was passierte.

Am Schuleingang wartete Marlene. Das war neu und musste einen besonderen Grund haben. Und den gab es auch, sie war nämlich mit Frau Lauterstein verabredet. Da es inzwischen wieder ruhig auf dem Schulhof geworden war, beschlossen die zwei Frauen sich auf eine Bank in die Sonne zu setzen.

Ella stand so lange unschlüssig in der Nähe herum, bis Marlene sie bat, bei ihnen Platz zu nehmen. Es dauerte nicht lange, da tauchten auch Max und Georg auf. Frau Lauterstein lachte.

„Da sind sie wieder vereint, die drei Musketiere. Na, kommt her, wir haben hier keine Geheimnisse."

Es waren gute Neuigkeiten, die sie zu hören bekamen. Marlene hatte den Bericht zurückgezogen, aber ihr Chef hatte verlangt, dass sie den vorgesehenen Platz mit etwas anderem füllen müsse. Und zwar sehr schnell. Da hatte Marlene eine gute Idee gehabt. Sie wollte über das Rosentheater schreiben, über das bewundernswerte Engagement seiner Mitglieder, über die Intrigen, die es gegeben hatte und über die Pläne für die Zukunft.

„Ja, und Sie können noch über einen brandneuen Plan schreiben", sagte Susanne Lauterstein. „Wir beabsichtigen, Schüler dieser Schule mit einzubeziehen. Ich werde eine Schüler-Theatergruppe gründen, die im Rosentheater proben und auftreten darf, unter unserer Anleitung."

Ellas Augen leuchteten. Da würde sie mitmachen, das stand für sie schon fest, und Marie würde sie auch überreden. Sie sah Max an. „Bist du dabei? Oder hältst du Theaterspielen immer noch für verrückt?"

Max runzelte die Stirn.

„Erstmal sind ja Ferien. Wenn ich in den Alpen bin, werde ich darüber nachdenken."

5 „Na, ich werde dir beim Nachdenken schon helfen, ich darf nämlich auch mitfahren!"

Susanne Lauterstein sah von Max zu Ella.

„Jetzt sagt nur noch, ihr folgt mir auch noch in den Urlaub. Ich bin wohl vor euch nirgends mehr sicher?"

10 Alle sahen sie verwundert an.

„Ich fahre mit Stefan Feuerknecht zum Klettern in die Alpen. Wir wollen den Watzmann besteigen."

Da konnte Max sich nicht mehr beherrschen.

„Lehrer sind doch einfach unberechenbar!"

Watzmann
Berg in den Berchtesgadener Alpen, 2713 m hoch

Materialien

Interview mit der Autorin Monika Dietrich-Lüders

„Ella und Max – auf der Spur des Voodoo-Zaubers" ist Ihr erstes Jugendbuch. Wie kam es dazu, dass Sie ein Jugendbuch geschrieben haben?

Der erste Satz und die erste Szene des Buches waren einfach plötzlich da, während eines Spaziergangs. Ich hatte schon vorher Geschichten geschrieben, aber ich wollte gern ein Jugendbuch zum Thema „Schule" schreiben, weil mich bestimmte Probleme des Schulalltags schon seit meiner Lehrerausbildung beschäftigten. Das Thema „Voodoo" kam erst später gedanklich dazu.

Warum haben Sie ein Buch über Voodoo geschrieben? Fasziniert Sie Magie?

Zusätzlich zum Hauptthema „Schule" brauchte ich im Buch ein Thema, das erstens stark genug ist, um Georg dermaßen zu verstören, und zweitens, das spannend und interessant genug für Ella und Max und für die Leser ist. Da erinnerte ich mich wieder an eine Radiosendung über Macumba in Brasilien (eine Recherche des Autors Hubert Fichte), die ich Jahre zuvor gehört hatte und die ich sehr spannend fand, so spannend, dass ich sie nie vergessen habe. Also ja, diese dort beschriebene Magie fasziniert mich. Besonders

die Vorstellung, dass allein der Glaube und das Sich-
in-etwas-Hineinsteigern Menschen in Trance versetzen und auch Krankheiten heilen kann.

Haben Sie vorher schon andere Bücher oder Ge-
5 *schichten geschrieben?*
Beruflich hatte ich Texte geschrieben, die in den
Bereich Öffentlichkeitsarbeit/Presse fallen. Kinder-
geschichten erfand ich während des Erzählens für
meine Tochter und schrieb sie danach auf. Für einen
10 Hörbuchverlag habe ich Erzählungen geschrieben, die
dann als Hörbücher, teils gekürzt, produziert wurden.
Aber schon als Kind habe ich kleine Geschichten geschrieben und einen Kriminalroman, der leider un-
vollendet blieb.

15 *In der Geschichte geht es auch darum, dass Max und*
Ella mit ihrer Lehrerin zwar täglich zu tun haben, sie
aber eigentlich gar nicht kennen. Hat das mit Ihren Er-
fahrungen als Lehrerin zu tun?
Ja, als Referendarin hatte ich den Eindruck, dass
20 der Schulalltag auch für die Lehrer (jedenfalls Mitte
der 1980er Jahre) eine abgeschottete Welt für sich
ist, wo nur ein kleiner Teil der eigenen Persönlichkeit
gezeigt wird und überhaupt viele Aspekte des Lebens
draußen bleiben. Eine Lehrerin, die mir aufgefallen
25 war, erzählte, sie sei ein halbes Jahr wegen Krankheit
beurlaubt gewesen. Sie sagte, die Schule habe ihr die
Leidenschaft für ihre Fächer, ihre ursprüngliche Begeisterung genommen. Das machte sie traurig und sie

zog sich innerlich zurück. Auch sonst ist es manchmal so, dass man anderen nur eine bestimmte Seite von sich zeigt, auch um sich zu schützen. Das hat mich beschäftigt.

Sie haben eine Tochter, die jetzt fast erwachsen ist. 5 *Haben Sie ihr früher vorgelesen, als sie noch klein war?*
Ja, ich habe meiner Tochter viel vorgelesen, auch die Bücher, die ich als Kind selbst geliebt habe.

Welche Bücher oder Geschichten haben Sie als Kind gelesen? 10
Besonders gern und immer wieder habe ich die Bücher von Astrid Lindgren gelesen, außerdem viel von Erich Kästner und Otfried Preußler.

Womit beschäftigen Sie sich in Ihrer Freizeit?
Ich lese sehr viel und schreibe auch gern. Außer- 15 dem engagiere ich mich in einer Kulturinitiative. Ich fahre gern Rad und mag es, im Garten zu sein. Dann haben wir eine Katze, sie ist auch wichtig.

Die Buchfigur Hermann Grillo kommt aus Brasilien. *Waren Sie schon einmal in diesem Land?* 20
Ja, ich habe als PR-Redakteurin für einen Kreuzfahrtveranstalter gearbeitet und beruflich Reisen auf dem Amazonas gemacht. Die exotische Natur und Stimmung des Flusses oder auch die Tropenstadt Manaus mit ihrer berühmten Oper fand ich sehr faszinie- 25 rend.

Ist Ihr nächstes Buch schon geplant?

Ja, ich schreibe gerade an einem zweiten Buch, in dem Ella und Max wieder spannende Dinge erleben und sich als besonders aufmerksame, einfallsreiche und selbstbewusste Kinder zeigen. Es spielt in einer Ferienfreizeit in den Alpen, wo gerade ein Verbrechen passiert ist. Es schließt also zeitlich an das vorliegende Buch an.

Was wünschen Sie sich für die Kinder und Jugend-lichen, die Ihr Buch lesen?

Ich wünsche mir natürlich, dass sie es spannend finden und Spaß daran haben. Außerdem, dass sie, ähnlich wie Ella und Max, ohne Vorurteile Dingen auf den Grund gehen können und die Chance haben, die Persönlichkeit von Menschen in ihrer Nähe von allen Seiten kennen und schätzen zu lernen.

Gibt es noch etwas, was Sie Ihren Leserinnen und Lesern mit auf den Weg geben möchten?

Ja, Lesen gibt Kraft und schenkt Einblicke in Bereiche, die man sonst vielleicht nie kennenlernen würde. Deswegen ist es wichtig, auch unterschiedliche Literatur und verschiedene Themen zu lesen, aber vor allem: Man sollte nie aufhören zu lesen und neugierig zu sein!

ARBEITSANREGUNGEN

- Hat die Autorin schon vor ihrem Jugendbuch „Ella und Max" Geschichten geschrieben? Nenne Beispiele.
- Wie kam sie dazu, eine Geschichte zu den Themen „Schule" und „Voodoo" zu schreiben?
- Die Autorin erwähnt drei Schriftsteller, deren Bücher sie als Kind gern gelesen hat. Notiere die Namen und forsche im Internet nach Buchtiteln dieser Autoren.
- Von Brasilien und dort vor allem vom Amazonas ist die Autorin begeistert. Welche Länder (Tiere, Menschen, Phänomene oder vergangene Zeiten) interessieren dich besonders?
- Gib mit deinen Worten wieder, was die Autorin über das Lesen sagt. Was meinst du dazu?
- Gehe im Internet auf die Plattform www.antolin.de und sieh dir Titel an, die für dein Alter vorgeschlagen werden. Du kannst auch einfach auf die TOP 100 gehen oder in den Neuheiten stöbern. Schreibe Bücher auf, die dein Interesse geweckt haben und die du gern lesen würdest.

Was ist Voodoo?

„Voodoo? Das ist doch das, wo man Nadeln in Pup-
pen steckt, um jemandem Schaden zuzufügen, oder?" So
oder so ähnlich klingt die Antwort, die man bekommt,
wenn man jemanden nach Voodoo fragt. Doch Voodoo
5 *ist mehr als das.*

Das Wort „Voodoo", auch „Wudu" (haitianisch-
kreolisch) oder „Vaudou" (französisch), stammt aus
der westafrikanischen Ewe-Sprache und bezeichnet
einen Schutzgeist. Der Voodoo-Kult ist eine Mischre-
10 ligion aus Westafrika, die mit den Sklaven nach Ame-
rika und in die Karibik kam. In ihrer heutigen Form
vereinigt Voodoo afrikanische, karibische und katho-
lische Elemente. In Haiti bildet er mit drei Vierteln
der ansonsten katholischen Bevölkerung als Anhän-
15 gern sogar eine eigene Volksreligion.
  In den Voodoo-Kulten gibt es schwarze und weiße
Magie, gute und böse, heilende und schadende Zauberer. Die Menschen opfern und tanzen ekstatisch, damit
sich während der Trance die Götter direkt mit der ver-
20 sammelten Gemeinschaft treffen können. Dabei stört
es niemanden, wenn neben Götterfiguren auch Bilder
katholischer Heiliger stehen; dies hat der Voodoo mit
vergleichbaren südamerikanischen Zauberkulten wie
dem brasilianischen Macumba gemeinsam.
25   Im Mittelpunkt stehen die so genannten Loas
(Gottheiten oder „Geheimnisse"), die den Individuen
oder Gruppen als Helfer, Beschützer und Ratgeber

dienen; neben ihnen werden auch Totengeister ver-

initiieren
hier: in Geheim-
nisse einweihen

ehrt. Die Gottheiten und Geister werden von initi-
ierten Mitgliedern einer Kultgruppe in bestimmten
Ritualen wie Trancetänzen, Opfergaben (auch Tierop-
fer) oder Totenkulten beschworen; an der Spitze einer ₅
Kultgruppe steht eine Priesterin oder ein Priester. Die
Götter und Riten teilen sich je nach Herkunft der An-
hänger (Angola, Kongo usw.) in sogenannte Voodoo-
Nationen auf.

Voodoo Festival in Benin (Westafrika)

    Bekanntester Bestandteil des Voodoo ist die Ge- ₁₀
stalt des Zombie. Ursprünglich eine afrikanische
Schlangengottheit, gilt „Zombie" als jene Kraft, die
einen Toten wiederbelebt, zugleich aber als der wie-
derbelebte Tote selbst. Der böse Zauberer versetzt, so
glaubt man, einen Menschen durch bestimmte Gift- ₁₅
drogen in einen todesähnlichen Zustand und erweckt
ihn nach wenigen Tagen wieder zum Leben. Als wil-
lenloses Werkzeug muss er dann Sklavenarbeit leis-

ten. Seit den 30er-Jahren bildet die Gestalt des Zombie ein beliebtes Motiv in Horrorfilmen.

Oft wird Voodoo für sogenannte „Schwarze Magie" missbraucht. Dabei versuchen selbsternann-
₅ te Priesterinnen oder Voodoo-Zauberer auf Wunsch und meistens gegen Bezahlung Schwierigkeiten und zwischenmenschliche Probleme aus dem Weg zu räumen – ohne Rücksicht auf die negativen Folgen bei denjenigen Menschen, die beeinflusst werden sollen.
₁₀ Ein bekannter Brauch ist in diesem Zusammenhang das Herstellen von Voodoo-Puppen, die einem bestimmten Menschen nachgebildet sind. Wenn dann mit Nadeln in die Puppe gestochen wird, soll dies dem betroffenen Menschen Schmerzen zufügen.

ARBEITSANREGUNGEN

- Erläutere, von wo der Voodoo-Kult stammt und wo er heute am weitesten verbreitet ist.
- Forsche im Internet unter dem Stichwort „Macumba" und notiere deine Ergebnisse.
- Erkläre, was mit „schwarzer" und „weißer" Magie gemeint ist.
- Den „Zombie" kennst du sicher aus Spielen (Nintendo, Handy, PC, Gesellschaftsspiel) oder Büchern. Beschreibe ihn und stelle fest, worin er sich von dem „Zombie" des Voodoo-Kultes unterscheidet.
- Schildere, auf welche Weise Rituale des Voodoo-Kults missbraucht werden. Nimm Stellung dazu.

Magie und Aberglaube

Magie ist die Kunst der Hexen und Zauberer, mit festgelegten Ritualen und zauberischen Hilfsmitteln Einfluss auf andere Menschen, auf Tiere oder auf die Natur zu nehmen. Dies kann in böser Absicht geschehen, um Schaden anzurichten, Krankheiten anzuhexen oder gar zu töten. Davon zu unterscheiden ist jene Magie, die etwas Gutes bewirkt, die Krankheiten heilt oder dem Menschen in anderer Weise hilft. So „besprechen" noch heute weise Frauen Wunden oder „hexen" Warzen weg.

Ob Magie gut oder schlecht ist, hängt daher stets von der Absicht des Magiers ab. Er kann Verborgenes erkennen (Kryptoskopie) und damit nützen, aber auch vergrabene Schätze finden und dadurch ohne große Arbeit zu Geld kommen. Er vermag mit dem

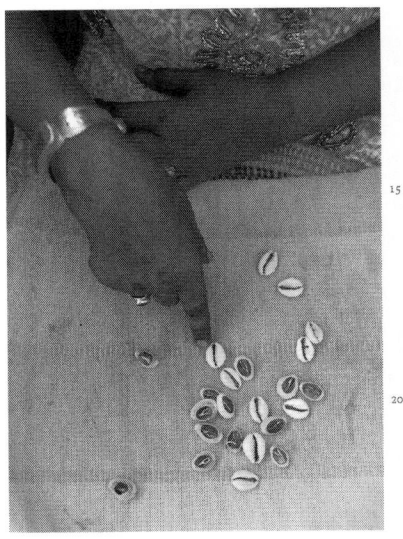

Muschelorakel

Diebeszauber Hab und Gut vor Räubern zu schützen, allerdings ist er auch in der Lage, den Dieb zu töten.

Zu den magischen Künsten rechnet man ferner die Wahrsagerei, so zum Beispiel die Astrologie sowie an-

dere Techniken der Weissagung wie die Beobachtung
des Vogelfluges, die Aeromantie (Beobachtung der
Wolken), die Coscinomantie (Sieborakel) oder das
Loswerfen (Sortilegium), schließlich die Zukunfts-
5 deutung mithilfe einer Kristallkugel (Kristalloman-
tie) oder eines Spiegels.

Doch schon im Mittelalter galten gerade diese
Künste eher als „Wissenschaft" denn als zauberische
Praxis, da sie den „Magier" zwangen, den Himmel und
10 die Natur sehr genau zu beobachten.

Heute ordnet man die Magie dem Aberglauben zu:
Man sagt, sie bewirke ebenso wenig wie ein Schorn-
steinfeger, ein vierblättriges Kleeblatt, die Zahl 13
oder eine schwarze Katze.

ARBEITSANREGUNGEN

- Notiere, welche verschiedenen Arten von magischen Künsten erwähnt werden. Ergänze andere
  Arten, falls dir solche bekannt sind.
- „Ob Magie gut oder schlecht ist, hängt daher stets
  von der Absicht des Magiers ab." (Z. 11–15) Erkläre
  diese Aussage.
- Was willst du zum Ausdruck bringen, wenn du
  etwas als „magisch" bezeichnest?

Hänsel und Gretel – ein Märchenanfang

Vor einem großen Walde wohnte ein armer Holz-
hacker mit seiner Frau und seinen zwei Kindern; das
Bübchen hieß Hänsel und das Mädchen Gretel. Er
hatte wenig zu beißen und zu brechen, und einmal, als
große Teuerung ins Land kam, konnte er auch das täg- ₅
liche Brot nicht mehr schaffen.

Wie er sich nun abends im Bette Gedanken
machte und sich vor Sorgen herumwälzte, seufzte er und sprach zu seiner Frau: „Was soll aus uns
werden? Wie können wir unsere armen Kinder er- ₁₀
nähren, da wir für uns selbst nichts mehr haben?"

„Weißt du was, Mann", antwortete die Frau, „wir
wollen morgen in aller Frühe die Kinder hinaus in den
Wald führen, wo er am dicksten ist; da machen wir
ihnen ein Feuer an und geben jedem noch ein Stück- ₁₅

H. Eichrodt, Hänsel und Gretel folgen den Eltern in den Wald, um 1910

chen Brot, dann gehen wir an unsere Arbeit und lassen sie allein. Sie finden den Weg nicht wieder nach Haus, und wir sind sie los."

ARBEITSANREGUNGEN

- Fasse kurz zusammen, wie das Märchen von Hänsel und Gretel weitergeht.
- Stell dir vor, dass die Stiefmutter abends noch einmal über ihre Situation nachdenkt, und schreibe ihre möglichen Gedanken auf (Ich-Form).
- Was würdest du ihr sagen oder was würdest du tun, wenn du dich in die Geschichte einmischen und der Stiefmutter einen Rat geben könntest?
- Schreibe deine Meinung zu der folgenden Frage auf: Ist die Geschichte von Hänsel und Gretel wirklich nur „märchenhaft" oder gibt es auch in der Wirklichkeit solche Ereignisse und Verhaltensweisen?
- Hermann Grillo hat nur zwei Flugtickets nach Brasilien gekauft. Stelle dazu eine Verbindung zum Märchen „Hänsel und Gretel" her.

THOMAS CHRISTOS
Wünsche werden wahr

Magische Figuren lernt nicht nur Georg kennen. In vielen Geschichten gibt es phantastische Figuren, die einem sogar Wünsche erfüllen, zum Beispiel in dem folgenden Textauszug aus dem Buch „Ein Dschinn für alle Fälle" von Thomas Christos. Als Tom eine Flasche findet und sie öffnet, entspringt ihr ein Flaschengeist, ein Dschinn, der sich Tom erst einmal vorstellt.

„Abu Karim Hassan Ibn Saladin Omar Ben Ali Selim Suleymann", kam es wie aus der Pistole geschossen. „Aber du kannst mich Abu nennen", fügte der Dschinn großzügig hinzu. Tom nickte. „Ich heiße Thomas Blum, und du kannst mich Tom, aber auf keinen Fall Blümchen nennen!"„Okay, Meister Tom", sagte Abu mit verschränkten Armen. „Ich warte auf deine Befehle." Erst jetzt wurde Tom so richtig klar, was das bedeutete. „Heißt das, du tust alles, was ich dir sage?"„Alles!", nickte Abu. „Und du erfüllst mir jeden Wunsch? Absolut jeden?" „Jahaaa! Jeden!", antwortete Abu genervt und rollte die Augen. „Du bist ein bisschen schwer von Begriff, Meister, was?"„Dann räum doch mal hier auf", befahl Tom. Abu verneigte sich. „Wie du befiehlst, Meister!"

Tom traute seinen Augen nicht. Es war, als sähe er einen zu schnell ablaufenden Film. Schwups - einige aus dem Regal gefallene Dinge sausten an ihren alten Platz. Und so ging es munter weiter. Schubladen und

Schranktüren öffneten und schlossen sich wieder, nachdem das, was hineingehörte – zack! –, reingesaust war. Tom musste sogar vom Bett aufspringen, weil sich die Zudecke unter ihm aufbäumte und dann von selbst glatt zog. Nach ein paar Sekunden sah es in Toms Zimmer so aufgeräumt aus wie im Ausstellungsraum eines Möbelhauses. Als dann auch noch der Staubsauger ansprang und in einem Affenzahn durchs Zimmer sauste, war Tom restlos begeistert.

„Das ist ja Wahnsinn!", jubelte er und konnte sein Glück kaum fassen. „Kleinigkeit!", gab sich Abu bescheiden. „Und was jetzt?" Tom brauchte nicht lange zu überlegen. „Meine Strafarbeit! Hundertmal ... nein, am besten gleich zweihundertmal den Satz in mein Heft schreiben: *Ich muss immer meine Schulsachen mit zum Unterricht bringen.* In Schönschrift! Aber es muss trotzdem so aussehen, als ob ich es geschrieben hätte."

„Wie du befiehlst, Meister", verneigte sich Abu erneut.

Schon öffnete sich die Schultasche, das Heft flog auf den Schreibtisch, dann schrieb der Füller in Windeseile ganz von allein. „Noch was?", fragte Abu. „Was zu essen!", nickte Tom, dem das Wünschen inzwischen schon recht leicht über die Lippen kam.

ARBEITSANREGUNG

- Könntest du auch einen Dschinn gebrauchen? Gib dem Dschinn einen Befehl und schildere, wie er ihn umsetzt.

ELISABETH ZÖLLER
Wir müssen uns zusammentun

Der folgende Text ist ein Auszug aus dem Buch „Der Klassen-King" von Elisabeth Zöller. Darin wird von einer Schulklasse erzählt, in der ein neuer Mitschüler, den alle nur Coolman nennen, ständig den Unterricht stört und die Schwächeren piesackt. Mit der Zeit hören 5 *in der Klasse fast alle auf sein Kommando, und zwar aus Angst. Doch als es immer schlimmer wird, bahnt sich eine Wende an. Als Coolman eines Tages in der Schule fehlt ...*

„Es muss sich etwas ändern", sagen wir alle am 10 nächsten Tag in der Klasse.

„Wir müssen uns zusammentun und zusammen gegen die stark sein", schlägt Peter vor.

„Und wie stellst du dir das vor?", frage ich. „Wenn einer angegriffen wird von den Coolen, helfen ihm 15 dann die anderen auch wirklich? Meinst du, die tun das?"

Tim ist ganz zerknirscht. Er holt tief Luft und sagt: „Ich glaube, wir haben wirklich Mist gemacht."

Das hätte ich von Tim nicht erwartet. Aber Cool- 20 man ist heute nicht da. Da hat er auch mal eine eigene Meinung.

„Das kannst du laut sagen", antworte ich ihm und ziehe die Schultern hoch. „Und ihr macht bestimmt weiter, wenn sich nichts ändert." 25

„Ihr tut doch alles, um cool zu sein", meint Toby.

Tim, sonst auf Coolmans Seite, wird ziemlich klein. „Vielleicht", sagt er. „Aber vielleicht kann man sich ja auch ändern."

„Vielleicht wenn wir mehr als bisher darüber reden." Das kommt von Frau Hampel, die, ohne dass wir sie bemerkt haben, das Klassenzimmer betreten und alles mit angehört hat. Und dann sagt sie entschieden: „Ich werde allerdings nicht nur reden, ich werde auch etwas tun."

„Und was?", fragen wir alle.

„Das muss ich mir noch überlegen", sagt sie.

ARBEITSANREGUNGEN

- Was ist der Anlass für das Gespräch in der Klasse?
- Tim sagt: „Vielleicht kann man sich ja auch ändern." Was meinst du dazu?
- Auch Frau Hampel, die Klassenlehrerin, will zusammen mit den Schülerinnen und Schülern etwas tun. Was könnte sie deiner Meinung nach tun?
- Weiter hinten im Buch denkt die Mitschülerin Hannah, aus deren Sicht das Buch geschrieben ist: „Wir müssen lernen darüber zu reden, wenn uns etwas nicht passt. Wir müssen lernen uns zu wehren. Mutig sein will gelernt sein. Das braucht Zeit. Das Reden ist nur ein Anfang." Nimm Stellung zu dieser Aussage. Sprecht darüber auch in der Klasse.
- Versuche eine Verbindung zu Ereignissen in dem Buch „Ella und Max" herzustellen.

TEXTQUELLEN

S. 176: Interview mit der Autorin Monika Dietrich-Lüders: Originaltext.

S. 181: Was ist Voodoo? Z. 25 bis S. 182, Z. 9: Aus: www.wissen.de (Text gekürzt und leicht verändert); Z. 6–24 und S. 182, Z. 10 bis S. 183, Z. 2 Aus: Christoph Daxelmüller: Zauberer, Hexen und Magie. Was ist was? Bd. 97. Nürnberg: Tessloff 2010. S. 45 f. (Text gekürzt und leicht verändert)

S. 184: Magie und Aberglaube. Aus: Christoph Daxelmüller: Zauberer, Hexen und Magie. Was ist was? Bd. 97. Nürnberg: Tessloff 2010. S. 45 f. (Text gekürzt)

S. 186: Hänsel und Gretel – ein Märchenanfang. Aus: Almut Gaugler (Hrsg.): Der goldene deutsche Märchenschatz. Klassische Märchen. Gütersloh/München: Wissen Media Verlag GmbH 2004. S. 210. (Text gekürzt)

S. 188: Wünsche werden wahr. Aus: Thomas Christos: Ein Dschinn für alle Fälle. Panik in New York. Frankfurt/M.: S. Fischer Verlag GmbH. 2007. S.30f.

S. 190: Wir müssen uns zusammentun. Aus: Elisabeth Zöller: Der Klassen-King. Texte.Medien. Braunschweig: Schroedel 2011. S. 70 und 72.

BILDQUELLEN

|akg-images GmbH, Berlin: 186.1. |Kranz, Sabine, Frankfurt am Main: Titel, 24.1, 53.1, 86.1, 121.1, 130.1, 150.1. |Picture-Alliance GmbH, Frankfurt/M.: AP/Alamba 182.1; Philippe Lissac/Godong 184.1. |Sujet Verlag UG, Bremen: 176.1.